朝日新書
Asahi Shinsho 832

歴史のダイヤグラム

鉄道に見る日本近現代史

原　武史

朝日新聞出版

歴史のダイヤグラム

鉄道に見る日本近現代史

目次

第一章　移動する天皇

第二章　郊外の発見

第三章　文学者の時刻表

第四章　事件は沿線で起こる

第五章　記憶の車窓から

凡例

・列車やバスの発着時刻などの表記は算用数字とし、ダイヤ改正で24時制が採用される一九四二（昭和一七）年一一月までは午前、午後を付けた。

・天皇の乗る専用列車は「お召列車の運転及び警護の取扱いについて」が制定される一九四七（昭和二二）年一〇月までは「御召列車」、それ以降は「お召列車」と表記した。

・［　］は原文の注記、〔　〕は著者による注記を表す。

・提供表記のある写真と著者撮影の写真以外は、すべて朝日新聞社の提供による。

・本書引用文中には、第二章中の「鮮人」「鮮語」、第四章中の「第三国人」など、今日では差別的表現とされる記述がありますが、作品発表時の時代背景を考え合わせ、また著者が故人であるという事情を考慮し、原文通りとしました。

第一章

移動する天皇

日本橋から東京駅へ

東京都中央区にある日本橋が架けられたのは、徳川家康が江戸に幕府を開いたのと同じ慶長八（一六〇三）年とされている。翌年には早くも幕府直轄の主要な五街道の起点として定められ、沿道に日本橋からの距離を示す一里塚が築かれた。

つまり江戸時代には、日本橋を中心とした全国的な交通システムがすでに確立されていたわけだ。この点で日本橋という名称は象徴的だった。文政九（一八二六）年に江戸に参府したドイツ人医師のシーボルトは、「日本という大きな島国では距離はみな日本橋という江戸の大きな橋から測る」（『江戸参府紀行』）と述べている。

しかし将軍が江戸城の外に出ることはあっても、日本橋を渡ることはなかった。人々の往来が激しいこの橋を避けたというのが主な理由だが、別の理由も考えられる。武蔵野台地の東端に当たる地形を利用して建てられた江戸城は、標高が周囲より高く、濠《ほり》の外側から本丸御殿などが見えたはずだ。将軍にとって、全国の中心は日本橋ではなく江戸城本丸でなければならなかった。日本橋はやや離れており、将軍がわざわざ渡る必要はなかったのだ。

幕末には本丸御殿と二の丸御殿がともに焼失した。明治天皇は明治元（一八六八）年一〇月、東海道を経由して西の丸御殿に入ったが、このときはわざわざ日本橋の南詰を左折している。江戸城の中心性が失われたのに伴い、日本橋が本来もっていた中心性が浮上したのだ。この迂回《うかい》ルートをとることで、支配者の交代が印象づけられた。

だが明治以降、街道に代わって鉄道が発達する。当初は官設鉄道の新橋のほか、日本鉄道の上野や甲武鉄道の新宿（後に飯田町）など、ターミナルが分か

東海道新幹線の起点標（0キロポスト）横に停車する試運転列車。現在の0キロポストは形を変えていて、当時のものはレプリカが鉄道博物館（さいたま市）に展示されている=1964年7月、東京都千代田区丸の内の国鉄東京駅

れていた。第八代東京府知事となった芳川顕正《あきまさ》は市区改正意見書のなかで、新橋や上野に代わる中央停車場の設置を唱えた。中央停車場は日本橋とは異なり、旧江戸城西の丸に建つ皇居（明治宮殿）と道路を通してつながることで、天皇のための駅として位置付けられた。

本丸御殿は再建されず、皇居は濠の外側からは見えなかった。中央停車場は一九一四（大正三）年に東京駅として開業する。その巨大な赤レンガの駅舎は、本丸御殿に代わって全国の中心がどこにあるかを明示していた。

東京駅の各ホームからは、「0キロポスト」と呼ばれる起点標が眺められる。日本橋を中心とする江戸時代の交通システムが、ここに受け継がれている。それだけではない。中央に皇室専用の出入口を有する東京駅丸の内駅舎こそ、植民地や「満州国」を含む帝国日本に君臨する天皇の威光を可視化する建築物となったのである。

「神」を乗せる車両

二〇一九年一〇月二二日、皇居の宮殿松の間で、即位の礼の中心となる「即位礼正殿の儀」が行われた。新天皇の即位を国内外に宣言する儀式だ。東京でこの儀式が行われたのは、平成に次いで二度目となる。

戦後に制定された皇室典範には、「皇位の継承があつたときは、即位の礼を行う」という条文がある。一九年五月一日に新天皇が即位したのに、なおかつ即位の礼を行わなければならなかったのは、この条文があるからだ。

明治中期に制定された旧皇室典範には、「即位ノ礼及大嘗祭《およびだいじょうさい》ハ京都ニ於テ之ヲ行フ」という条文があった。現在の皇室典範とは異なり、即位の礼と大嘗祭は京都で行わなければならないことが規定されていたのだ。この条文に従い、大正と昭和の即位礼正殿の儀に相当する儀式は、京都御所の正殿「紫宸殿《ししんでん》」で行われた。

大正天皇も昭和天皇も、東京から東海道本線を走る御召《おめし》列車に乗り、途中名古屋で一泊

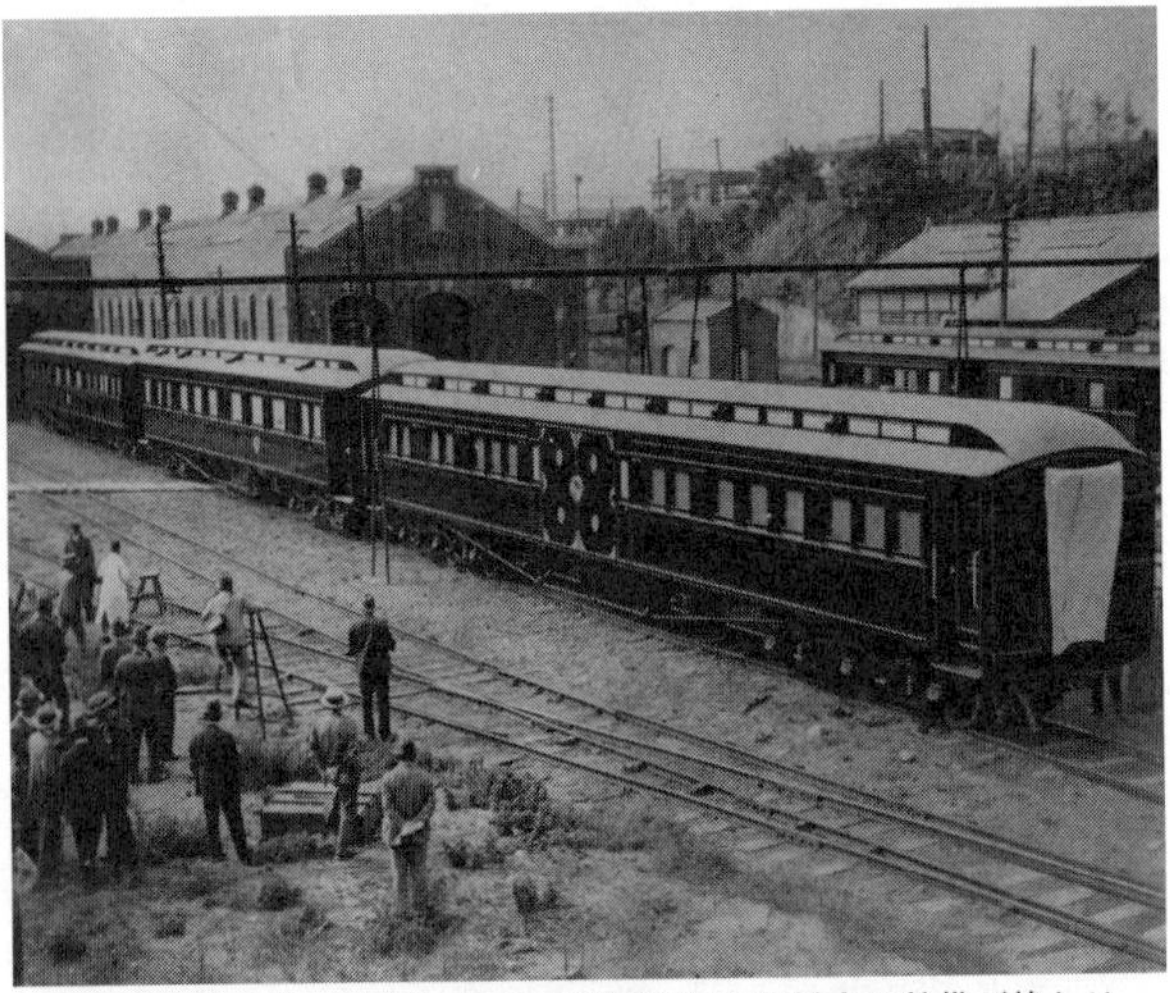

昭和天皇即位の礼で京都に向かう御召列車の御料車の整備が終わり、報道陣に公開された。右から賢所乗御車、天皇乗車の12号御料車、皇后乗車の８号御料車=1928年

してから京都に向かっている。ただし京都に向かったのは、天皇だけではなかった。皇位のしるしとされる「三種の神器」、すなわち八咫鏡《やたのかがみ》、草薙剣《くさなぎのつるぎ》、八尺瓊勾玉《やさかにのまがたま》もまた、天皇が乗ったのと同じ列車で運ばれたのだ。

　三種の神器のうち、鏡の本体は三重県の伊勢神宮内宮《ないくう》（皇大神宮）に、レプリカは皇居の賢所《かしこどころ》にある。剣の本体は愛知県の熱田神宮に、レプリカは天皇の住居にある。勾玉は剣のレプリカと同じところにあり、両者を合わせて「剣璽《けんじ》」という。東京から京都まで列車で運ばれたのは、正確にいえば鏡のレプリカと、この剣璽だった。

剣璽は一泊以上の天皇の外出の際、天皇と一緒に運ぶことになっていたから、天皇が乗る「御料車」に剣璽を置く「奉安室」が設けられた。一方、鏡のレプリカは原則として賢所から動かさず、例外的に京都で即位の礼と大嘗祭を行うときだけ動かした。つまり鏡のレプリカが皇居の外に持ち出されたのは、一九一五（大正四）年と二八（昭和三）年の二回しかない。

御召列車には、御料車のほかに「賢所乗御車《かしこどころじょうぎょしゃ》」と呼ばれる車両が連結された。読んで字のごとく、賢所、すなわち鏡のレプリカが乗っている車両を意味する。大正天皇の即位の礼に合わせて、わざわざ鏡だけを乗せる車両を東京の鉄道院大井工場で製造したわけだ。だが、賢所乗御車が実際に使われたのは、先に触れた二回しかなく、五九年に廃車となった。もう使われることはないだろうが、いまなお大井工場の後身に当たるＪＲ東日本の東京総合車両センターに保管されているらしい。

もしそうなら、今回の即位の礼に合わせて公開してほしかったと思う。鉄道史上唯一の、「神」を乗せる車両だからだ。

御召列車の政治的効果

前項で触れたように、大正と昭和の大礼、すなわち即位の礼と大嘗祭は京都で行われた。これに伴い、天皇と三種の神器を乗せた御召列車が、東海道本線の東京―京都間を往復した。

とりわけ、一九二八（昭和三）年一一月に行われた昭和大礼は、大正を上回る空前絶後の規模となった。御召列車が東京―京都間を往復するだけで、沿線には多くの人々が詰め掛け、秒単位の精密なダイヤに従って走る列車に向かって最敬礼した。

当時、東京朝日新聞の論説委員だった柳田國男は、天皇が東京から京都に向かう日に合わせて「京都行幸の日」（『柳田國男全集』第三十四巻所収）と題する社説を記している。この社説は、編集局長の緒方竹虎の判断で縮小され、「御発輦《ごはつれん》」と改題されたが、「京都行幸の日」には「御代始の壮大なる御儀式として、親しく神器を奉じて両京の間を往来したまふことは、正に前代を絶したる雄図《ゆうと》と称すべきものであつて、これによつて沿道の老幼婦

即位の礼を前にした御召列車の公式試運転。電化区間でも蒸気機関車が使われた=1928年10月

女の輩、ゐながらにして神聖なる御羽車《おはぐるま》の御行方を拝むことを得るに至つたのも、その間接の効果においては誠に意義多き改革であつた」という一文があった。

　御羽車というのは、前項で触れた賢所乗御車を意味する。柳田は、大礼の具体的な中身よりも、御召列車が東京―京都間を往復することのほうに多大なる政治的効果を読みとっているのだ。

　御召列車の神聖さが強調されることで、不浄とされたものは排除された。御召列車とすれ違う列車の便所は使用禁止になったばかりか、名古屋や京都など、御召列車の停車駅では構内の便所などが幕でおおわれた。聖なる天皇の視界に便所が入ってしまうこと自体が、おそれ多いと見なされたのだ。

それだけではない。東海道本線と立体交差する鉄道は、御召列車が走るよりも前に運行を取りやめたが、なかには送電そのものをやめる私鉄もあった。たとえ目に見えなくても、天皇の上に電気が流れていることがおそれ多いと思われたのである。

御召列車が走る直前には、線路の安全を確認するための列車、すなわち「指導列車」が運転された。指導列車が走ると線路のポイントが固定され、踏切の遮断機が下りたままになり、信号が青から変わらなくなった。人々は指導列車のすぐ後に来る御召列車を、かたずをのんで待った。

いったいどれだけの人々が御召列車に向かって最敬礼しただろうか。柳田國男は「かくの如《ごと》き民心の統一は、恐らくは前代その類《たぐい》を見ざるところ」(同)と述べている。この「民心の統一」を実現させたのが鉄道にほかならない。平成以降の大礼は東京で行われることで、大正、昭和ほどの「民心の統一」は不可能になったといえる。

皇后にとっての即位の礼

二〇一九年一〇月二二日に皇居の宮殿で行われた「即位礼正殿の儀」では、天皇だけが着ることのできる「黄櫨染御袍《こうろぜんのごほう》」と呼ばれる古式装束を着用した天皇が高御座《たかみくら》に上がり、即位を内外に宣言した。

高御座の横には、高御座を一回り小さくしたような御帳台《みちょうだい》が設置された。ここには天皇と並んで、古式装束を着用した皇后が上がった。つまり即位礼正殿の儀というのは、天皇の即位だけでなく、皇后の即位も同時に宣言する儀式といえるのだ。

高御座の起源は飛鳥時代にまでさかのぼれるが、即位の礼に際して高御座と御帳台がセットでつくられたのは、一九一五(大正四)年一一月に行われた大正天皇の即位の礼のときである。現在の高御座と御帳台は、大正のものをそのまま使っている。

明治中期に定められた旧皇室典範に従い、大正と昭和の即位の礼は京都で行われた。その中心となったのは、即位礼正殿の儀に当たる「紫宸殿の儀」であった。京都御所の紫宸

2018年に報道陣に公開された高御座（左）と御帳台=京都市上京区

殿には、高御座と並んで御帳台が設置された。皇后は天皇とともに東京から御召列車に乗り、京都に向かうことになっていた。

ところが、大正天皇の即位の礼に、皇后（貞明《ていめい》皇后）は同行しなかった。第四皇子の崇仁《たかひと》親王（後の三笠宮）を懐妊していたからだ。結果としてせっかくつくられた御帳台は使われず、天皇だけが高御座に上がり、即位を宣言する格好になった。

柳田國男がひそかに記した「大嘗祭ニ関スル所感」（『柳田國男全集』第三十四巻所収）によれば、これを「何モノカノ前徴警示」のごとく感じた学者がいたらしい。また徳冨蘆花は日記のなかで、即位の礼に出なかった皇后は死んでいるという噂《うわさ》が広がっていたことを記している。

誰よりも皇后自身が、御帳台に上がれなかったことを悔やんでいた。皇后は一五年一二月に崇仁親王を出産すると、初代の神武天皇が死去して二五〇〇年に当たるとされる一六年四月三日の「神武天皇二千五百年式年山陵祭」にあわせて、天皇とともに奈良県の神武天皇陵に参拝した。そして四月五日には天皇と別れて奈良から京都に向かい、京都御所に入った。

四月七日、皇后は紫宸殿を訪れ、高御座ばかりか、自分が上がるはずだった御帳台もつぶさに見学している。八日には大饗《だいきょう》と呼ばれる大嘗祭後の宴会が行われた二条離宮（現・二条城）を訪れ、宴会の模様を再現させている。

皇后が単独でわざわざ京都を訪れた目的は、即位関連の儀式を忠実に再現させることにあった。そうしなければ、正式に皇后として即位していないという切迫した思いがあったのではないか。天皇の即位ばかりに注目が集まりがちだが、即位礼正殿の儀は皇后にとっても、重要な儀式といえるのだ。

昭和天皇、極秘裏の伊勢行き

二〇一九年一一月二一日、新天皇と新皇后は伊勢神宮に参拝し、即位を報告するため、三重県伊勢市に向かった。

皇室では明治以来、大きな出来事があると必ず天皇や皇太子らが伊勢神宮に参拝し、祖先とされるアマテラス（天照大御神）に報告した。戦争の勝利や「紀元二六〇〇年」などの記念行事、結婚、外国訪問などだ。今回のような即位の礼もその一つである。

天皇と皇后は、東京から名古屋までは東海道新幹線を、名古屋から神宮の玄関駅に当たる宇治山田までは近鉄を使った。天皇が新幹線と近鉄を使うようになったのは一九七〇年代からで、六〇年代までは東京から参宮線の伊勢市まで、国鉄の在来線を使っていた。なお伊勢市駅は、五九（昭和三四）年七月まで山田と称していた。

天皇が伊勢神宮に参拝することは、いつの時代にもニュースになる。ところが天皇の参拝が事前に全く公表されず、極秘に御召列車が運転されたことがあった。太平洋戦争開戦

天皇陛下伊勢の神宮に御参拝
親しく戦勝を御祈願
畏し征戦下未曾有の御事
一億たゞ感奮興起
新たな感奮に燃えて
龍駕を拝し咽ぶ民草
神皇一如を拝す

1942年12月14日の朝日新聞（東京本社版）朝刊１面（右）と３面

から一年後にあたる四二（昭和一七）年一二月、昭和天皇が戦勝祈願を目的として参拝したときだ。天皇は同年六月のミッドウェー海戦での大敗以降、不利になっている戦況を、「神力」によって好転させようとしたのである。

一二月一一日、天皇や首相の東條英機らを乗せた列車が、東京から京都に向かって発車した。天皇は京都で一泊し、翌日再び列車で山田まで行き、伊勢神宮の外宮《げくう》（豊受大神宮）と内宮（皇大神宮）に参拝し、京都に戻った。そして一三日には列車で無事帰京した。

参拝を公表しなかったのは、すでに始まっていた空襲を恐れたからだ。とはいえ天皇を乗せた列車が東海道本線などを走ること自体を隠すことはできなかった。では沿線の通過駅では、通常走らないはずの列車が通ることをどう説明したのか。

鉄道省の資料によると、一般客には理由を説明せずに「恐れ入りますがしばらくの間構外へ御出場願います」と通告するか、御召列車かどうか客から質問があった場合には「よく存じません」などと答え、決して「そうです」とは答えないようにするといった職員に向けての注意がなされていた（『昭和天皇御召列車全記録』）。

天皇が乗る「御料車」の隣の車両には、簡易シェルターが設置され、いざとなれば天皇が避難できるようになっていた。御召列車の直前に走った「指導列車」には、外から見えないようにして高射機関砲と弾薬が搭載された。

人々は、一二月一四日の新聞で昭和天皇の参拝を初めて知った。だが天皇の必死の祈りもむなしく、これ以降も戦況は一向に好転しなかった。天皇が再び伊勢神宮に参拝したのは敗戦直後の四五年一一月一三日。「戦争終熄《しゅうそく》」を報告したときであった。

多摩陵への参拝、鉄道から車へ

二〇一九年一一月二七日から一二月三日にかけて、天皇と皇后は即位を報告するため、神武、孝明、明治、大正、昭和の各天皇陵に参拝した。

このうち、奈良県と京都府にある神武、孝明、明治の各天皇陵へは東海道新幹線、近鉄と自動車を、東京都にある大正、昭和の天皇陵へは自動車を使った。

平成の即位の礼のときも、天皇と皇后は一九九〇（平成二）年一二月二日から五日にかけて、今回と同じ五つの天皇陵に参拝した。このときと同じ交通手段を、今回もまた使ったことになる。

ところが、京都で行われた大正、昭和の即位の礼のときは違った。大正天皇も昭和天皇も、京都に滞在している間に神武天皇陵（畝傍山東北陵《うねびやまのうしとらのすみのみささぎ》）や明治天皇陵（伏見桃山陵《ふしみのももやまのみささぎ》）に参拝したが、どちらも国有鉄道（現・ＪＲ）の奈良線や桜井線を使ったからだ。神武天皇陵の下車駅となった桜井線の畝傍《うねび》駅には、いまでも貴賓室が残っている。

廃止された東浅川仮停車場の駅舎を使った集会施設・陵南会館
=1974年

昭和天皇は京都から戻った直後の二八（昭和三）年一一月二九日、大正天皇陵、すなわち多摩陵《たまのみささぎ》に参拝するため、一般客の利用できない原宿の宮廷ホームから御召列車に乗り、香淳皇后とともに東浅川仮停車場に向かっている。

大正天皇は、歴代の天皇で初めて東京で生まれ育った天皇であった。二六（大正一五）年に公布された皇室陵墓令により、天皇陵などの陵墓は原則として東京府（現・東京都）および隣接する県に造るものとされた。この法令に基づき、多摩陵は東京府南多摩郡横山村（現・八王子市長房町）に築かれた。

東浅川仮停車場は、大正天皇の葬儀に合わせて二七（昭和二）年二月に中央線の八王子―浅川（現・高尾）間に開業した。仮停車場というのは原宿の宮廷ホーム同様、皇室専用の駅を意味する。

昭和天皇は、即位の報告のあとも、多摩陵に参拝する際には原宿から東浅川まで御召列車に乗ることが多かった。五一（昭和二六）年に大正天皇の后、貞明皇后が死去し、多摩陵の隣に多摩東陵《たまのひがしのみささぎ》ができてからは、この陵への参拝を兼ねるようになった。

しかし東浅川仮停車場は、六〇（昭和三五）年九月に廃止された。これ以降、昭和天皇は多摩陵や多摩東陵への参拝に際して、高尾駅を利用する。そして平成になり、昭和天皇陵（武蔵野陵《むさしののみささぎ》）が同じ墓地内にできると、天皇（現上皇）と皇后（現上皇后）は参拝に際して中央線を使わず、中央自動車道を使うようになる。

東浅川仮停車場は、廃止されてからも駅舎が残っていたが、九〇年に過激派による爆弾テロで焼失し、現在は駐車場になっている。それでも線路に直交するようにして、駐車場から参道がまっすぐに延びている。その両側には、見事に育ったケヤキの木々が立ち並んでいるのが中央線の電車からも見える。

鷗外が疑問視した過剰な空気

一九〇〇（明治三三）年一〇月一四日の午前7時25分、皇太子嘉仁（後の大正天皇）を乗せた列車が新橋駅を出発した。皇太子は結婚したばかりで、学習の一環として福岡、佐賀、長崎、熊本の四県を訪問するのが目的だった。

福岡県小倉の陸軍第一二師団で軍医部長をしていた森鷗外は、皇太子が小倉を訪れることになったと翌一五日に知らされた（「小倉日記」、『独逸日記／小倉日記』所収）。実際に訪れるまでに、あと四日しか残されていなかった。

あわただしい準備が始まった。一五日、宮内省の役人が小倉を訪れ、皇太子のための飲み水を用意するよう告げた。鷗外は検査の結果、師団司令部の井戸水がふさわしいと判断した。さらに役人は、皇太子が滞在する部屋に「消毒燈《とう》」を搬入して室内を清潔にするよう告げた。

一七日には、皇太子が上陸する予定の、小倉に隣接する門司で流行していた腸チフスを

第12師団軍医部長として赴任した森鷗外が、１年半ほど暮らしていた居宅＝現在の北九州市小倉北区鍛冶町

危険と見なすか否かにつき、師団長、参謀長と鷗外が話し合っている。鷗外は危険ではないと答えている。

一八日には宮内省の薬剤師がやって来て、「消毒燈」は用いず、濃度二％のホウ酸水で室内を拭くように告げた。鷗外は、「消毒上、硼《ほう》酸水を家屋に用ゐるは、予等の未《いま》だ知らざるところなり」（同）と反発した。そして、もしそうしたければ材料や人員を提供するから、自分でやってみるよう促した。

この日の午後、役人が再びやって来て、二種類のホウ酸水を求めた。濃度は一つが四％、もう一つが二％だった。前者は皇太子の身のまわりのものを、後者は室内をそれぞれ拭くために使うとされた。

「是《こ》れ宮内省の慣例なり。消毒の為《た》めにあらずと云《い》ふ」(同)。鷗外は、皇室をおそれるあまり、意味のない慣例がまかり通っているのを疑問視しているのだ。

一九日の午後2時、皇太子が小倉駅に着いた。鷗外は迎えに行っている。二〇日の午前八時、皇太子は師団司令部を訪れ、鷗外は面会した。その後に皇太子は八幡の官営製鉄所などを見学したが、鷗外も同行している。

二一日の午前9時40分、皇太子は小倉から列車に乗り、熊本に向かった。出発に先立ち、皇太子は鷗外をわざわざ車内に呼び、自ら席を立ち、皇太子に同行しながら体調を崩して小倉にとどまることになった本居豊穎《とよかい》をよろしく頼むと話している。豊穎は本居宣長のひ孫で、皇太子に地理や歴史を教えていた。

一五(大正四)年一一月、鷗外は京都御所で即位の礼に臨む大正天皇の姿を目の当たりにした(「盛儀私記」、『鷗外全集』第二六巻所収)。そこには一五年前に見た気さくな面影はみじんもなかった。代わって小倉でも感じた皇室を過剰におそれる空気が、幾重にも充満していた。

丸の内駅舎と原宿宮廷ホーム

二〇一二（平成二四）年一〇月一日、赤レンガで造られた東京駅の丸の内駅舎が完成した。一九四五（昭和二〇）年五月の空襲で焼ける以前の丸の内駅舎の姿が、見事に復原（現存する建物を原型に戻すので「復元」でなく「復原」）されたのだ。

東京駅の丸の内口は、北口と南口の改札に比べて中央口の改札が異様に小さい。これはもともと中央口が皇室専用だったからで、いまでも駅舎の中央部には皇室専用貴賓出入口が設けられている。その内部には、天皇、皇后だけが使うことのできる貴賓室「松の間」がある。

駅舎の中央部からは皇居に向かって、「行幸通り」と呼ばれる道路がまっすぐに延びている。こうした位置関係からも、東京駅が天皇のための玄関駅として建設されたことがよくわかる。

東京駅が「中央停車場」として建設が始まったのは、〇八（明治四一）年。当初、明治

1964年当時の原宿宮廷ホーム

天皇が利用する駅になるはずだったが、四年の工期の予定が六年半に延び、その間に明治天皇は死去して大正天皇の時代になった。
一四（大正三）年一一月には、京都で即位の礼と大嘗祭が予定されていた。中央停車場はそれに合わせた完成が目指されることになる。
「中央停車場《ステーション》は明年秋迄《まで》に内外全部の竣工《しゅんこう》を告げしむるに至るを以《もっ》て、聖上皇后両陛下即位式御挙行の為め京都行幸啓の節を以て開場式を行ひ、両陛下の京都行幸啓の鳳輦通御《ほうれんつうぎょ》の後、一般旅客の列車を運転せしむるに至るならんといふ」（「東京朝日新聞」一三年一月二四日。原文は読点なし）
もしもこれが実現していたら、東京駅は病弱な大正天皇に、「大帝」と呼ばれた明治天皇に匹敵する権威をもたせるための、格好の舞台装置になるはずだった。

ところが、一四年四月に明治天皇の皇后だった美子《はるこ》（昭憲皇太后）が死去したため、即位の礼と大嘗祭は一年延期されてしまった。天皇はしだいに体調を崩してゆき、東京駅を利用したのは数えるほどしかなかった。

二一年一一月二五日には、大正天皇の体調の悪化に伴い、皇太子裕仁（後の昭和天皇）が摂政となり、天皇は事実上引退させられた。東京駅は、皇太子のための駅となった。代わりに大正天皇には、人々の目を避けて御用邸で静養するための「裏口」が用意される。明治神宮の造営工事で使われた引き込み線を利用して、山手線の原宿駅に新設された宮廷ホーム（原宿駅側部乗降場）である。

二六年八月、葉山御用邸に向かう大正天皇が、初めて宮廷ホームを利用した。けれども同年一二月に葉山で死去したため、このホームに再び戻ることはなかった。

華々しく復原された東京駅丸の内駅舎とは対照的に、原宿宮廷ホームはいまや全く使われず、扉を固く閉ざしたままになっている。

変わらない「奉迎」のかたち

一九二二（大正一一）年一一月一二日、皇太子裕仁は東海道本線を走る御召列車に乗って東京を出発した。目的は香川県で行われる陸軍特別大演習の統裁と四国四県などの視察。皇太子は前年に事実上の天皇である摂政になっており、これは摂政として初めての本格的な地方訪問でもあった。

当時の四国は、まだ鉄道が行き渡っていなかった。皇太子が鉄道を利用したのは讃岐線（現・JR予讃《よさん》、土讃《どさん》線）の高松─善通寺間など一部だけで、多くは自動車か人力車を利用した。しかしダイヤグラムに従って通り過ぎるだけの鉄道よりも、自動車や人力車のほうが沿道の人々に皇太子の顔が見えやすいこともまた確かであった。

病気で引退させられた大正天皇に代わる若くて健康な皇太子を、四国の人々は初めて見ることになる。そうした人々に対して、皇太子はどう振る舞うべきか。同行した宮内大臣の牧野伸顕は、一一月一二日にこう記している。

皇太子裕仁（後の昭和天皇）は陸軍特別大演習の後、四国各地を視察。愛媛県の今治港では人力車を使った=1922年11月

「四国辺の如き質朴の民俗には相当すべき御態度可然《しかるべし》。北海道、東京辺とは自から期待異なり、此《この》方面にては只々《ただただ》玉体を拝する丈《だ》けにて無上の光栄とす。一々御答礼の如きは勿論ない。奉迎者間に最も多く聞く言葉は能《よ》くおがめたと云ふ事なり。此一言にて人心の一班［斑］を推知すべし」（『牧野伸顕日記』）

　引用文中の「勿論ない」は、正しくは「勿体ない」だろう。牧野は実際に四国を訪れる前から、四国ならば皇太子を拝めるだけで人々は光栄に思うのだから、いちいち挙手の礼などする必要はないと、見下したように記している。

　当時の天皇や皇太子の地方訪問では、沿線や沿道で人々が事前に所定の位置に整列して「奉迎」することが、半ば義務づけられていた。戦後になるとそうした義務はなくなるものの、四六（昭和二一）年から始まった昭和天皇の戦後巡幸では、再び沿線や沿道に人々が自発的に集まり、熱狂的に天皇を迎える光景が各地で見られた。人々が天皇を拝みに集まったのは、決して四国だけではなかった。

坂口安吾は、四八年に発表された「天皇陛下にささぐる言葉」（『坂口安吾全集』15所収）で、「地にぬかずき、人間以上の尊厳へ礼拝するということが、すでに不自然、狂信であり、悲しむべき未開蒙昧《もうまい》の仕業であります」「天皇が人間ならば、もっと、つつましさがなければならぬ」などと述べている。安吾の言う「未開蒙昧」は、牧野の言う「質朴の民俗」と見事なほど重なっている。

それはどうやら、天皇制イデオロギーなどというものとは関係がないらしい。このことが、二〇一九年一一月一〇日に新天皇と新皇后が自動車で都心をパレードした「祝賀御列の儀」でも証明されたのではないか。

秩父宮、上越線回りの謎

一九三六（昭和一一）年七月二三日、宮内省宗秩寮《そうちつりょう》総裁の木戸幸一は、人事につき相談するため、青森県の弘前で歩兵第三一連隊第三大隊長の秩父宮に会っていた（『木戸幸一日記』上巻）。秩父宮は昭和天皇の一歳違いの弟で、もともと東京の歩兵第三連隊に所属していたが、青年将校から引き離したいという昭和天皇の意向もあり、前年八月から弘前に滞在していた。

木戸は相談を終えると、弘前午後8時4分発の青森ゆき普通列車に乗った。この列車は9時1分に青森に着き、10時発の常磐線回り上野ゆきの急行に接続した。上野着は翌日の午前10時25分。これこそが、当時のダイヤで弘前から最も早く上京できるルートにほかならなかった。

約五カ月前には二・二六事件が起こっている。秩父宮が上京の意志を固めたのは二月二六日の夕方で、「御見舞」（同）を理由に宮内省に上京を打診して弘前を発っている。しか

二・二六事件で青森県弘前市から上京し、上野駅から皇居に向かう秩父宮の車列=1936年2月27日

し秩父宮は木戸と同じルートをとらず、弘前を午後11時22分に出る奥羽・羽越・信越本線回り大阪ゆきの急行列車に乗ろうとした。

だが実際には、発車が一時間遅れた。秩父宮は、弘前で増結された特別車両に乗った。急行は新潟県の長岡に二七日の午前8時27分着のはずが、9時50分に着いた。特別車両は切り離され、上越線回り上野ゆきの普通列車に増結された。この列車の長岡発は9時35分だったが、遅れた急行の到着を待っていた。

9時10分には、上越線回りの急行新潟・秋田ゆきが上野を発車している。この列車に乗っていたのが、東京帝国大学教授で秩父宮に進講したこともある平泉澄《きよし》だった。平泉は午後12時24分に群馬県の水上で降りている。

一方、秩父宮が乗った上野ゆきの列車が水上を発車するのは、ダイヤ通りでも午後1時2分。平泉は、水上で十分な余裕をもってこの列車に乗り込めたわけだ。実際に二人は、高崎に着くまでの約一時間半にわたり、特別車両のなかで密談している。

秩父宮が最短ルートをとらずにわざわざ迂回したのは、平泉に会う必要があったからに違いない。この迂回ルートをとれば、秩父宮が上野に着くよりも前に車内で密談できることを平泉が知っていたなら、相当な時刻表マニアということになる。

平泉は、昭和天皇のもう一人の弟、高松宮とともに昭和天皇を補佐するよう、車内で秩父宮に進言したと回想している（『悲劇縦走』）。この通りだったという説もあれば、逆に平泉は決起部隊に肩入れしていたという説もある。そもそも、秩父宮が事件直後に上京しようとした真の理由すらわかっていない。二・二六事件の謎はまだまだ解明されてはいないのである。

中途半端な黙禱時刻の理由

二〇二〇年に新型コロナウイルスの感染が拡大するにつれ、同一時間に医療従事者に向けて一斉に拍手を送る試みが、欧米や日本などで広がった。

同一時間に全国民が同じ行動をとるよう呼びかけるキャンペーンは、戦中期に盛んになった。例えば靖国神社では、毎年四月と一〇月に戦没者を合祀《ごうし》する臨時大祭が開催され、昭和天皇が参拝した。天皇が参拝する時間は「全国民黙禱《もくとう》時間」とされ、植民地や「満州国」を含む全国で一斉に黙禱するものとされた。その時間はたいてい、午前一〇時一五分と決まっていた。

皇居から靖国神社までの距離はごく近く、天皇を乗せた自動車が一〇時に皇居を出発すれば、一五分に参拝できた。天皇と国民は、まさに同じ時間に「英霊」となった戦没者に向かって頭《こうべ》を垂れたのだ。

一九四〇（昭和一五）年六月一〇日、昭和天皇は初代の神武天皇が即位して二六〇〇年

昭和天皇が伊勢神宮内宮に参拝するとされた午後１時54分にあわせて、中国・河北省で戦闘中の日本軍の兵士たちも戦いをやめ、一斉に遥拝（ようはい）した=1940年６月

に当たるとされる「紀元二六〇〇年」を報告するため、伊勢神宮の外宮と内宮に参拝した。このときにも「全国民黙禱時間」が定められたが、天皇が外宮と内宮に参拝する時間は午前一一時一二分と午後一時五四分とされた。

なぜこれほど中途半端な時間になったかといえば、京都から御召列車に乗り、日帰りで山田（現・伊勢市）まで往復する分刻みのスケジュールが組まれたからだ。

天皇を乗せた列車は午前7時20分に京都を発車し、東海道本線、草津線、関西本線、参宮線を経由して、10時20分に山田に着いた。もちろんダイヤ通りだった。

復路の列車は山田を午後2時45分に出ることになっていた。この間に天皇が外宮と内宮に参拝する時間を算定した結果、五分単位でも一〇分単位でもない時間になった。

「その時刻首相官邸でも警衛の警官から玄関子、小使さん、運転手は勿論《もちろん》、交換台のキイーも忙しいタイプも暫《しばら》くは手を休めて敬虔《けいけん》な静けさが満ちたが当の米内〔光政〕首相も大臣室で石渡〔荘太郎〕書記官長も書記官長室で各《おのおの》恭《うやうや》しく頭を垂れた」（「東京朝日新聞」四〇年六月一一日夕刊）

だが『昭和天皇実録』第八によると、実際に天皇が外宮に参拝したのは午前一一時四分、内宮に参拝したのは午後一時五五分だった。つまり「全国民黙禱時間」よりも外宮では八分早く、逆に内宮では一分遅かったのだ。

伊勢神宮の境内は靖国神社よりずっと広い。たとえ御召列車がダイヤ通りに走ったとしても、境内を進む天皇の動きを分単位で規制することまではできなかった。しかしこの事実は、国民に知らされなかった。天皇がその時間に参拝したか否かにかかわらず、中途半端な時間が絶対化したのである。

首都として機能した日光

一九四二（昭和一七）年七月一六日午前9時20分、昭和天皇と香淳皇后を乗せた御召列車が原宿宮廷ホームを発車した。

列車は東北本線と日光線を経由し、日光に午後12時25分に着いた。天皇と皇后は日光田《た》母沢《もざわ》御用邸に滞在し、明治天皇が死去してちょうど三〇年に当たる七月三〇日に宮中三殿の皇霊殿で行われる「明治天皇三〇年式年祭」に合わせていったん帰京するものの、八月一日には同じダイヤで日光に戻り、一二日まで再び滞在した。

同年六月のミッドウェー海戦での大敗を機に、戦況は悪化しつつあった。天皇は避暑のため転地するより、海軍の連合艦隊を激励したいと考えたが、宮内大臣に説得され、日光に向かった。謁見《えっけん》所、御座所、皇后御座所、御学問所、女官部屋、御玉突所（ビリヤード室）などを備えた田母沢御用邸の建物群は、当時の御用邸のなかでも最大規模のもので、天皇の公務に支障はなかった。

日光田母沢御用邸記念公園内にある旧御用邸。現上皇が疎開生活を送った場所で、現上皇后と再訪した=2001年7月、栃木県日光市

七月一七日には、首相の東條英機が上野午後3時20分発の日光ゆき普通列車に乗っている。この列車は宇都宮から日光線に入り、日光には午後6時50分に着く。ちなみに浅草雷門（現・浅草）を午後4時に出る東武の普通列車に乗れば、東武日光には午後6時44分に着いた。東武のほうが距離が短い上、汽車ではなく電車だったからだ。しかし天皇も首相も私鉄を使うことはなかった。

東條は東照宮に近い金谷ホテルに泊まり、翌一八日の九時三〇分から田母沢御用邸の謁見所で一般政務や陸軍関係の事項を天皇に報告した。それが終わるや日光午前11時25分発の普通列車に乗り、上野に午後2時47分に着いている。

東條が日光に向かったのはこのときだけで

はなかった。七月二五日と八月九日にも、上野から日光まで普通列車に乗っている。七月二五日は日帰りで、往路は上野午前11時45分発、日光午後3時22分着。三時四〇分から四時二〇分まで田母沢御用邸で連絡会議決定事項などにつき報告。復路は日光午後5時10分発、上野8時38分着。かなりの強行軍だった。

　八月九日は七月一七日と同じスケジュールで、一〇日の九時三〇分から田母沢御用邸の謁見所で行政簡素化などにつき天皇に報告した。その際に天皇が発した「国民が戦争下よく時局の重大性を認識して各々《おのおの》其《そ》の職域に於《おい》て精励しつつある実情を知り満足に思ふ」という言葉は、内閣総理大臣謹話として公表された（「朝日新聞」八月一二日夕刊）。

　天皇が日光に滞在している間に田母沢御用邸を訪れたのは、東條首相だけではなかった。一〇日には首相に続いて軍令部総長や参謀総長も謁見所で戦況につき報告し、三人とも日光午後12時58分発の普通列車で帰京している。上野と日光を結ぶ列車は、連日政府や軍の要人を乗せていたのだ。四二年七月から八月にかけて、日光は東京に代わる事実上の首都となった。

九州での激越な戦勝祈願の意味

太平洋戦争末期の一九四五（昭和二〇）年七月二七日、昭和天皇から託された極秘の文書を携えながら、一人の宮内省職員が東京駅の東海道本線ホームから列車に乗り込んだ。皇室祭祀《さいし》を担当する掌典《しょうてん》の清水谷公揖であった。

文書の中身は、神をまつるときに読む祭文だった。清水谷は天皇の代役として、大分県の宇佐神宮と福岡県の香椎宮で祭文を読み上げるべく遣わされたことが、『昭和天皇実録』第九からうかがえる。

東京から宇佐に行くには、東海道本線、山陽本線、鹿児島本線、日豊本線を経由する必要があった。だがこの時期には、相次ぐダイヤ改悪により特急は全廃され、急行も東京―下関間に一本残っていただけだった。清水谷は、東京を8時30分に出るこの急行の二等車（一等車はなかった）に乗ったと思われる。

本来なら清水谷は七月二五日に東京を出るはずだった。ところがこの日、滋賀県内で空

香椎宮の楼門を出る貞明皇后（中央の白い洋装）=1922年３月21日

襲があり、列車に乗れなくなった。もはや運休やダイヤの乱れは日常茶飯事で、乗っている間も空襲警報や米軍機からの機銃掃射を覚悟しなければならなかった。

当時、九州は東京から遠かった。ダイヤ通りに急行が動いたとしても、下関着は翌朝の9時だった。実際に清水谷が着いたのは、これよりは遅かったはずだ。下関から宇佐までは普通列車を乗り継いだと思われるが、三等車（普通車）しかない列車の扉に乗客がなだれ込んだに違いない。宇佐に着いたころには、もうクタクタになっていただろう。

七月三〇日、清水谷は宇佐神宮で祭文を読み上げた。

「……当《まさ》に皇国の興廃に繋《つなが》る甚《はなはだ》由々しき戦局にし有れば国内　尽《ことごとく》　一心に奮起《ふるいた》ち有らむ

限りを傾竭《かたむけつく》して敵国を撃破《うちやぶ》り事向けしめむとなも思《お》ぼし食《め》す（中略）速《すむや》けく神州の禍患を禳除《はらいのぞ》き聖業を成遂《なしと》げしめ給《たま》へ……」（『昭和天皇実録』第九。原文は宣命書き）

このあと、清水谷は日豊本線と鹿児島本線を経由して宇佐から香椎に向かい、八月二日、香椎宮でこれと全く同じ祭文を読み上げている。

敗色濃厚なこの時期に、昭和天皇は激越な調子で敵国撃破や聖業完遂を清水谷に祈らせているのがわかる。

なぜ天皇は、危険を冒してまで清水谷を伊勢神宮でなく、わざわざ宇佐神宮と香椎宮に遣わしたのか。この謎を解くためには、天皇の母、皇太后節子《さだこ》（貞明皇后）に注目する必要がある。

宇佐神宮と香椎宮は神功皇后と応神天皇をまつっている。皇太后節子は、神功皇后が応神天皇を妊娠したまま朝鮮半島に渡り、新羅、百済、高句麗を平定したとする「三韓征伐」を事実と信じていた。祭文には、自らを神功皇后に、そして太平洋戦争を三韓征伐に重ね合わせる皇太后の信念が反映していたように思われてならない。

神器の剣、敗戦後の往還

名古屋市の熱田神宮は、三種の神器の一つである草薙剣の本体をまつっている。これとは別に剣のレプリカが八尺瓊勾玉と一緒に天皇と皇后の住む御所にあり、合わせて「剣璽」と呼ばれている。

剣璽は天皇の外出とともに動かす場合がある。これを「剣璽動座」という。だが原則として、熱田にある剣の本体を動かすことはない。

かつて一度だけ、剣の本体を動かしたことがあった。時は太平洋戦争末期の一九四五（昭和二〇）年七月三一日。昭和天皇は内大臣の木戸幸一に、「伊勢と熱田の神器は結局自分の身近に御移して御守りするのが一番よいと思ふ」「信州の方へ御移することの心組で考へてはどうかと思ふ」などと述べている（『木戸幸一日記』下）。来たるべき本土決戦に備え、天皇は伊勢神宮でまつられる八咫鏡の本体と剣の本体を、「自分の身近」に移そうと考えていたのだ。

1941年当時の水無神社の例祭

　天皇の言う「信州」は、当時建設が進んでいた長野県の松代大本営を指しているように見える。しかし実際には、天皇が東京を動くことはなかった。一方、鏡の本体と剣の本体は松代ではなく、伊勢や熱田により近い岐阜県の水無《みなし》神社に移すことになったが、それが実現しないうちに敗戦を迎えてしまう。

　水無神社というのは、ＪＲ高山本線の飛驒一ノ宮駅の近くにあり、島崎藤村の父で、『夜明け前』の主人公、青山半蔵のモデルとされる島崎正樹が宮司をしていた神社として知られている。

　敗戦により、神器を移す必要はなくなったはずだ。実際に鏡の本体は動かなかった。ところが『昭和天皇実録』第九によれば、四五年八月二二日に剣の本体を熱田神宮から水無神社に移している。「新調の外箱に神剣を奉納し、御名御親筆の勅封紙と麻にて厳封の上、さらに勅使たる侍従の封を施した後、従来御奉納の外箱中に奉安し、施錠する」とあるから、厳戒態勢で運んだのがわかる。熱田は伊勢と違って名古屋という大都市にあり、占領軍に神器を奪われるのを恐れたのかもしれない。

熱田神宮から水無神社までの移動に際しては、陸軍東海軍管区司令部が協力した。剣の本体は、軍差し回しの自動車で運ばれた。しかし再び水無神社から熱田神宮に戻された同年九月一九日には、武装解除がすでに進んでいた。

復路もまた往路同様、車で運ばれた。昭和の三大台風の一つとされる枕崎台風が岐阜県内を通ったため、高山本線は不通になっていた。

台風のために落石や倒木が道をふさぎ、車は思うように進まなかったという。そうしたなかで車に神器が乗せられ、無事に熱田まで戻ってきたとすれば、まさに奇跡としか言いようがない。

「満州国」皇帝の逃避行

一九四五（昭和二〇、康徳《こうとく》一二。「康徳」は「満州国」の元号）年八月九日、ソ連軍が日ソ中立条約を破り、「満州国」に侵攻した。首都・新京（現・長春）に迫ってくるのは時間の問題だった。皇帝溥儀や皇后婉容らは一二日の深夜、皇居に当たる新京の皇宮を離れ、朝鮮半島に近い通化方面に列車で移動することになった。

このときの移動は、大正天皇や昭和天皇が即位のために東京から京都まで列車で移動した前例を踏まえていた。天皇の即位に際して宮中の賢所から神器の鏡が持ち出され、賢所乗御車に乗せられて京都まで運ばれたように、アマテラス（天照大神）をまつる皇宮内の建国神廟《しんびょう》にあった神器の鏡が持ち出された。鏡は四〇年に溥儀が訪日した際、日本から持ち帰ったものだった。

日本での前例にならい、車列は神器を先に立て、皇帝が後につき従った。皇帝を乗せる列車は新京から出るが、溥儀や婉容らは一つ隣の小さな駅、東新京まで自動車で行き、東

「紀元2600年」を祝うため２度目の訪日となった満州国皇帝の溥儀（愛新覚羅溥儀、中央）を東京駅のホームで出迎え、握手を交わす昭和天皇（その左）。右側の白い海軍の軍服姿は昭和天皇の弟、高松宮宣仁親王=1940年６月26日

新京から乗ることになった。溥儀は「私はうやうやしく立って、祭祀長橋本虎之助が『神器』を入れた袱紗《ふくさ》を捧げて一台目の自動車に乗るのを見てから、自分は二台目に乗った」と回想している（『わが半生』下）。

溥儀の弟、溥傑の妻だった浩《ひろ》は新京から列車に乗った。駅構内は避難民であふれていた。ものすごい形相で列車にしがみつく人たちを、憲兵がどなって突き落とした（『流転の王妃の昭和史』）。

列車は一三両編成で、そのうちの五両が貨物車、二両が空襲に備えての高射機関銃を配備した警備車だった。あとは皇帝や皇族、要人らが乗る展望車や客車が併結されていた（『満州帝国』）。

一三日の0時を回るころ、列車は新京を出て次の東新京に着いた。このときもまずは神器を展望車に運び、机の上に安置してから溥儀が拝礼した。賢所乗御車に当たる神器だけを乗せる車両を配備する余裕はなく、神器と溥儀、そして婉容は展望車に乗った。溥傑や浩は二等車に乗ったようだ（『満洲国祭祀府の最後　終戦秘話』）。

列車は吉林、梅河口を経由して通化に向かった。溥儀は吉林で、「群をなした日本の婦人と子どもが泣き叫びながら汽車に向かって押しよせ、彼女たちを阻止する憲兵に哀願し、泣いている」（『わが半生』下）光景を見た。浩同様、国民を置いて自分たちがわれ先に逃げようとしている現実を、溥儀もまた思い知らされたのだ。

列車がたどり着いたのは、通化よりもさらに朝鮮との国境に近い、大栗子《ダーリーズ》という山間の村落だった。彼らは八月一五日の玉音放送を大栗子鉱業所の社宅で聴き、一八日に溥儀が退位した。神器の鏡は後日、新京郊外の南湖の湖底に沈められたという（「建国神廟始末記」、『海外神社史』上巻所収）。

高松宮とスイロネフ381

一九四五（昭和二〇）年二月一三日、昭和天皇の弟の高松宮は、上野を22時30分に出る青森ゆきの普通列車に乗った。戦況の悪化に伴い、急行はほぼ廃止されていた。

高松宮が乗った車両は「スイロネフ381」と言い、皇族専用で、コンパートメントと寝台が付いていた。「一等『コンパート』極メテ装飾的ニ出来アリ、戦時下ノ旅行ニ一般ニ寝台、一等ナキ折ニ極メテ不愉快ナルモノ」と日記にあるように、当時としては贅沢《ぜいたく》すぎる車両だった（『高松宮日記』第八巻）。

列車は常磐線と東北本線を経由し、一四日の18時23分、青森県の野辺地に到着した。この駅で下北半島を走る大湊線に乗り換え、終点の大湊には20時40分に着いた。海軍の軍人だった高松宮は、海軍の重要な施設である大湊警備府の視察のため、二月二二日まで大湊に滞在している。

帰路は往路と同じ経路をたどった。二二日の9時35分に大湊を出て、野辺地で上野ゆき

1940年ごろに撮影されたマイロネフ37292号車。41年の形式称号改正でスイロネフ383号車となった=国鉄提供

の普通列車に乗り換えた。列車は11時55分に野辺地を出て、13時19分ごろに尻内（現・八戸）に着いた。

「尻内附近デ雪ノ原ノ街道ニ唯一人ノ通リガ、リノ壮年者ガ立止ッテ私ノ車ニ礼ヲシテヰ《い》ク。連レ立ツタ生徒等随所ニ車ニ礼ヲスル姿ヲ見ル。感激ノ心ニジム。コノ国民ヲ、『スペイン』『アルフォンソ』国王ノ自動車ニ等シク立止ツテ礼ヲシタ『スペイン』国民ガ間モナク革命ノ君臣タラシメタト同ジニ考ヘラレヌ、同ジニシテハナラヌ」（同）

普通列車にしては贅沢すぎる車両が併結されたからこそ、沿線の人々はその車両に皇族が乗っていることを直ちに知り得たのだ。

高松宮は、一面の雪景色のなか、先生や生徒がみな一様に自分に向かって敬礼する光景を目の当たりにして、感激を新たにしている。そして、たとえ敗戦は不可避だとしても、日本は革命が起こってアルフォンソ一三世が亡命したスペインのようにはならないと確信している。

実は、高松宮は約一カ月前に当たる一月二六日、京都で近衛文麿に会い、夕食をともにしていた。近衛は二月一四日、「最悪ナル事態ハ遺憾ナガラ最早必至ナリト存ゼラル」(『昭和天皇実録』第九)とするとともに、敗戦に伴い共産革命が起きる可能性に触れた上奏文を昭和天皇に提出したが、この考えを高松宮には事前に伝えていたのではないか。その際に悪しき前例として、アルフォンソ一三世の名前が出たのかもしれない。

高松宮の脳裏には、このときの近衛の言葉がずっと残っていたに違いない。敗戦に伴う革命の勃発は、高松宮にとっても脅威であった。しかし冬の東北での光景は、それが杞憂《きゆう》にすぎないことを確信させた。結果として、高松宮の確信は間違っていなかったことになる。

高松宮が語った米軍への不満

一九四六（昭和二一）年四月一五日、高松宮は品川を8時43分に出る急行の博多ゆきに乗った。四五年一一月のダイヤ改正で、ようやく主要幹線に急行が復活していた。

前項で触れた「スイロネフ381」はGHQに接収されていたが、「米側カラ皇族ニナラ貸ス」（『高松宮日記』第八巻）とのことで、高松宮は急行に併結された皇族専用車に乗っている。ただし「車ノ横ニ『オーガスタ』トカ書イテアル」（同）と記しているところを見ると、高松宮が乗ったのは同月に改造された一等寝台車の「マイネフ371」だった可能性もある。

博多には翌日の11時30分に着いた。これ以降、高松宮は引揚者や戦災者を支援する「同胞援護会」の総裁として関係施設を視察するため、九州各地を回った。だが行く先々で、敗戦の現実を思い知らされることになる。

博多で降りて車に乗り換えると、米軍のジープが先導した。「止メサセテクレト云ツタラ、知事サントノ話合ラシク我慢シテクレトノコトダッタ」。高松宮は、「米ＭＰニ『エスコート』サレテルノデハ気ガオサマラヌ」と言い返している（同）。

鹿児島県の桜島を船上から眺めようとしたときも、米国旗を掲げた船にしか乗れなかった。高松宮は「タノシカラズ」と感じたが、「県ノ人ハソウシタ感ジナキ様」であった（同）。

一週間にわたる九州での視察を終えた高松宮は、四月二二日に再び普通列車に併結された専用車に乗り、鹿児島から博多へと向かった。博多ではこの車両が普通列車から切り離

敗戦後、連合国軍に接収され米国風に改造されているスイロネ371号車の特別室。後に14号御料車に改造された=1952年

され、東京ゆきの急行に併結された。急行は18時45分ごろに博多を出発し、翌日の11時20分ごろに京都に着いた。

京都からは、高松宮の御用掛を務めた細川護貞《もりさだ》が乗ってきた。二等車は満席だったが、「たまたま九州より御帰途の高松宮殿下の後部特別車に在《いま》すを知り」、21時過ぎに品川に着くまでずっと高松宮と車内で密談した（『細川日記』下）。

九州で鬱積《うっせき》した米軍に対する不満を、高松宮は細川にぶちまけた。その不満はいつしか、当時公表されたばかりの憲法改正草案にまで及んだ。細川はこう記している。

「憲法に就いては、『あれは幣原〔喜重郎・首相〕は得意なんだが、僕は君主制の否定だと思ふ。（中略）大体、松本国務相の案を蹶《くつがえ》されたので、あれは第二案と云つてゐるが、全然米国製のものだ』と、すこぶる御不満の様子に拝し奉る」（同）

高松宮の言う「松本国務相の案」とは、国務大臣の松本烝治《じょうじ》が主体となった大日本帝国憲法の改正私案のことだ。これをGHQが一蹴し、代わりに作成したマッカーサー草案をもとに新憲法の条文化が進められた。高松宮は昭和天皇とは対照的に、主権在民を規定した憲法改正草案を「君主制の否定」という強い言葉で批判したのだ。

「生き神」に会う体験

明治から戦後にかけて、天皇はしばしば御召列車に乗った。御召列車は通常の列車とは異なり、一般客は乗ることができない。沿線の各駅ではホームに入場できる奉迎者の資格が厳しく限定され、列車が通過するときには決められた手順に従って一斉に敬礼するよう求められた。たとえホームに入れたとしても、天皇の姿を見るどころか、列車すらろくに見られなかったわけだ。

それに比べれば、皇太子のほうがはるかに規制がゆるかった。地方訪問の際に一般客が乗れる通常の列車に乗ることもあったからだ。例えば一九〇二（明治三五）年に皇太子嘉仁（後の大正天皇）が新潟県を訪れたときには、北越鉄道（現・JR信越本線）の直江津―沼垂《ぬったり》（後に貨物駅。現在は廃止）間で普通列車に乗っている。途中の一ノ木戸（現・東三条）駅では、皇太子の姿を一目見ようとしてホームにあふれた村民たちが、「我れ先にと二三等列車に乗込《のりこ》」（「新潟新聞」同年五月二七日）むという事態まで起こっている。

「内房２号」で千葉県訪問に出発する現上皇、現上皇后、現天皇
=1964年３月22日、東京・両国駅

村民たちにとって、皇太子は民俗的な「生き神」だったのだろう。神さまに近づき、同じ列車に乗り込めれば「御利益」があると考えられたのではないか。

戦後もこの感覚は残ったようだ。天皇と皇后はなお専用の列車に乗ることが多かったのに対して、皇太子は一般の列車にも乗った。皇太子明仁（現上皇）は五九（昭和三四）年に結婚し、六〇年に浩宮（現天皇）が生まれると、皇太子妃（現上皇后）や浩宮と家族旅行に出かけている。

六四年三月に両国から館山まで三人で準急「内房2号」に乗ったときには、途中の千葉駅で「五百人ほどの一般乗客は警戒線を突破してご夫妻のいる窓に殺到、知事も市長ももみくちゃで、大へんな騒ぎとなった」(「千葉日報」同年三月二三日)。混乱を避けるために入場券の発売を停止していたが、彼らの多くは最低運賃である一〇円、二〇円区間の切符をわざと買って入場し、皇太子一家に近づこうとした。

だが、こうした光景は皇太子に限ったことではなかった。歌手の美空ひばりもまた地方公演で鉄道を利用するときには、同様の体験をしたと回想している。

「地方へ行くと急行などありませんので、各駅停車でしかも三分位《くらい》は平気でとまっています。するとその合間を縫って大勢のファンの方が車中になだれこんで来て、わたしにサインを求められる、ということがおこるのでした」(『ひばり自伝』)

地方の人々にとって、皇太子や有名歌手が列車に乗ってやって来るというのは、「生き神」に出会える千載一遇の機会に映ったのだろう。その深層心理は明治だろうが戦後だろうが変わらなかったのかもしれない。

第二章

郊外の発見

迂回する地下鉄、直線の中央線

京都市営地下鉄烏丸《からすま》線は、烏丸通の地下を走っている。大阪メトロ御堂筋《みどうすじ》線は、御堂筋の地下を走っている。どちらも、京都や大阪の中心部を南北に貫くメインストリートの地下を、直線状に線路が敷かれている。

四条《しじょう》、丸太町《まるたまち》などの烏丸線の駅名は、烏丸通と直交する東西の通りの名称を意味する。大阪にも、南北の通りを「筋」、東西の通りを「通」と呼ぶ習慣がある。碁盤の目のような区画は、京都では平安時代に、大阪（大坂）では豊臣秀吉の時代に整備された。京都御所や大阪城も、この区画を大きく崩してはいない。

京都や大阪に比べると、東京の地下鉄網には全く法則性がない。確かに南北線や東西線という線はあるが、南北や東西をまっすぐに貫くメインストリートはなく、どちらの線も曲がりくねっている。

それはひとえに、濠に囲まれた巨大な江戸城が中心に立ちはだかっているからだ。ここ

20キロ以上にわたり直線が続く中央線=1950年、撮影・吉岡専造／朝日新聞社

で言う江戸城とは、現在の皇居をはじめ、皇居前広場、皇居東御苑、北の丸公園を含めた一帯を指している。

　江戸には、京都や大阪（大坂）とは異なる都市計画の発想があった。建築史家の陣内秀信は、そこに「自然と対話する独自の柔らかいコンセプト」を見いだしている（『水の都市　江戸・東京』）。しかしそれは、人工的な計画を都市全体に貫けなかった分、江戸城を禁忌の空間にしてしまったことを意味してはいないか。

　その禁忌は、江戸城が皇居などに変わっても維持されている。都心を目指す地下鉄の線路は、江戸城の内濠にぶつかりそうになるやいずれも急に曲がり、濠のまわりをなぞるようにして大手町や銀座へと向かってゆく。

しかし目を皇居から東京の西側に転じれば、東西を二〇キロ以上にわたって一直線に貫く線路がある。

JR中央線の東中野―立川間である。

もともとあった直線状の道路の地下に敷設された烏丸線や御堂筋線とは異なり、中央線の前身に当たる甲武鉄道は明治中期、何もなかった武蔵野の原野を切り開いて敷設された。それは東京で初めて生まれた本格的な直線の交通路であった。

南北という軸には天皇の影がある。平城京や平安京は中国の都にならい、即位などに際して天皇が南面するように設計された。大阪の御堂筋も天皇の行幸を想定して拡張されたという。一方、東西という軸にはそれがない。中央線のまっすぐな線路は、皇居の禁忌からひたすら遠ざかろうとしているようにも見える。

だが中央線は、皇居に面した丸の内口に最も近い東京駅の1・2番線から発車する。そして立川を過ぎるやカーブして高尾へと至る。そこには大正天皇や昭和天皇の陵がある。やはり天皇の影からは逃れられないのだ。

京都への途を絶たれた浦和

田山花袋は一九一六（大正五）年刊行の『日本一周』後編で、上野から東北本線の列車に乗るときの心境につき、「〔東海道本線の〕新橋を離れた心持《こころもち》と比べるとや、暗くさびしい。（中略）いかにも田舎に行くといふやうな気がする」と述べた。そして浦和では、「県庁のある町としては、頗《すこぶ》る振《ふる》はない小さな町だ」と印象を語った。

現在、さいたま市に属している浦和は、もともと中山道の宿場町だった。幕末には孝明天皇の妹で、将軍徳川家茂に嫁ぐ和宮の壮大な行列が通ったこともある。東海道に比べて川止めが少なく、警備上もより安全という理由から中山道が選ばれたのだ。京都の朝廷の権威が浮上するにつれ、将軍が利用した日光御成道に代わり、東海道と並んで江戸と京都を結ぶ中山道の重要性が増していった。

一八七一（明治四）年に成立した埼玉県の県庁所在地が当初、将軍が宿泊した日光御成道沿いの岩槻に置かれたのに、すぐ浦和に変更されたのも、このことと無縁ではないよう

1890（明治23）年当時の浦和駅=浦和博物館提供

に思われる。

明治になると、東京と京都を結ぶ鉄道の計画が本格化した。そのルートは東海道経由と中山道経由のどちらかが考えられたが、後者が優勢だった。八三年には、中山道ルートの一環として私鉄の日本鉄道が上野―熊谷間を開通させ、その沿線に浦和駅が開業した。八四年に高崎まで延伸すると、明治天皇が上野―高崎間を往復している。

もしこのまま中山道沿いに鉄道が敷かれていたら、浦和は東京と京都を結ぶ交通の要衝になっただろう。しかし実際には、山間地帯の工事の難しさから、八六年に東海道経由に変更された。

京都への途を絶たれた日本鉄道が代わって目指したのは、上野―青森間の鉄道敷設だった。八五年に大宮駅が開設されて利根川橋梁を除く大宮―宇都宮間が開通し、九一年には新橋―神戸間の全通に遅れること二年にして青森まで全通している。

一九〇六年に日本鉄道が国有化され、〇九年に東北本線の名称が付けられると、浦和は同線の駅となった。京都ではなく東北とつながっていることが明確になったのだ。

さらに浦和にとって脅威となるのが、同じ中山道の宿場町でありながら、東北本線と高崎線の分岐点となった大宮の発展だった。田山花袋も、「浦和よりも却《かえっ》て活気に富んでゐるやうな気がする」（同）と述べている。浦和が町から市に昇格したのは三四（昭和九）年。全国の県庁所在地で最も遅かった。

だが鉄道の線名から見れば、浦和も大宮も東北に組み込まれた点で共通していた。東北本線に代わる宇都宮線という愛称。上野を通らない湘南新宿ラインや上野を通過点とする上野東京ラインの開通。これらを東北からの脱却をもくろむ潜在意識の表れと見るのは、うがち過ぎだろうか。

寺田寅彦が好んだ東上線の風景

一九二一（大正一〇）年一一月一〇日、寺田寅彦は池袋を午前11時20分に出る東武東上線下り坂戸町（現・坂戸）ゆきの普通列車に乗った。なぜこの列車に乗ったのがわかるかというと、寺田の日記にそう記されているからだ。

当時の寺田は物理学を担当する東京帝国大学教授だったが、胃潰瘍《かいよう》が悪化してから療養生活を続け、一一月七日に大学に復帰したばかりだった。だが療養中に始めた油絵を描く習慣を、寺田はなおも続けている。東上線に乗ったのも、北豊島郡赤塚村（現・板橋区）の成増《なります》で写生しようと考えたためだった。

二一年の時刻表によれば、寺田が乗った列車は成増に11時47分ごろに着いている。

「途中の景色が私には非常に気にいった。見渡す限り平坦《へいたん》なようであるが、全体が海抜幾メートルかの高台になっている事は、ところどころにくぼんだ谷があるので始めてわかる。そういう谷の所にはきまって松や雑木の林がある。（中略）畑の中に点々と碁布した民家

1964年当時の成増駅。14年の開業時に造られた駅舎の面影を残している=東京都板橋区

は、きまったように森を背負って西北の風を防いでいる」（「写生紀行」、『寺田寅彦随筆集』第一巻所収）

高知で育った寺田にとって、すぐ近くまで山が迫り、平地も水田で埋めつくされる郷里の風景は、「なんとなく行き詰まった窮屈な感じ」を与えた。郷里とは対照的な、山が遠くに退き、畑地や林が広がる東上線の車窓風景は、寺田をして「自由なのびやかな気」にさせたのだ。

成増で写生を終えた寺田は、駅に戻り、上り池袋ゆきの普通列車に乗った。

「帰りに汽車の窓から見た景色は行きとは見違えるほどいっそう美しかった。すべてのものが夕日を浴びて輝いている中にも、分けて谷の西向きの斜面の土の色が名状のできない美しいものに見えた。線路に沿うたとある森影から青い洋服を着て、ミレーの種まく男の着ているような帽子をかぶった若者が、一匹の飴《あめ》色の小牛を追うて出て来た。（中略）それはどうしてもこの世のものではなくてだれかの名画の中の世界が眼前に生きて動いているとしか思われなかった」（同）

行きとは異なり、帰りの列車が何時に成増を出たかは日記にもない。しかし二一年の時刻表を見ると、寺田が乗ったのは成増を午後3時46分に出る列車だったと思われる。この次の列車は午後5時21分発で、もう日が暮れているからだ。

たとえ同じ区間でも、時間を変えて乗るだけでこれほど違った風景が見られるのかという驚きに満ちあふれたような、随筆家の面目躍如とした文章に、すっかり魂を奪われてしまった。ちょうど百年前には、池袋—成増間を電車で往復するだけで豊かな気分にひたれたのだ。この日の日記に寺田が「隠棲《いんせい》を此辺《このへん》に造りたしと思ふ」と書いているのもうなずける。

小金井の桜から生まれた二つの駅名

国木田独歩の代表作『武蔵野』には、独歩自身が夏に甲武鉄道（現・JR中央線）のターミナルだった飯田町（現在の飯田橋付近）から電車に乗り、境（現・武蔵境）で降りて、玉川上水の堤に沿った道を小金井に向かって散歩する場面がある。

小金井橋を中心とした玉川上水の堤は、江戸時代から桜の名所として知られていた。甲武鉄道もポスターを貼るなど宣伝に努めたせいか、春には花見客が押し寄せたが、夏にわざわざやって来る客はいなかったようだ。

「茶屋の婆《ばあ》さん」から「桜は春咲くこと知《し》らねえだね」と笑われた独歩は、「なるほど小金井は桜の名所、それで夏の盛《さかり》にその堤をのこのこ歩くも余所目《よそめ》には愚かに見えるだろう」と述べている。

当時の甲武鉄道は、境の次は国分寺まで駅がなかった。花見客は境か国分寺で下車し、はるばる歩いて行かねばならなかった。

1923年の関東大震災の発生後は飯田町駅から八王子方面への臨時列車が運行された。飯田町駅は33年に貨物駅化し、99年に廃止された

明治末期に甲武鉄道は国に買収されて中央本線となるが、鉄道省は一九二四（大正一三）年四月、両駅の中間に当たる北多摩郡小金井村（現・小金井市）に武蔵小金井仮乗降場を開設した。「武蔵」をつけたのは、東北本線に小金井駅があったからだ。二六年には停車場に昇格して武蔵小金井駅となり、小金井橋に向かう花見客の便宜が図られた。

小金井の桜に目をつけたのは、鉄道省だけではなかった。西武新宿線の前身に当たる旧西武鉄道は、二七（昭和二）年四月に高田馬場―東村山間を開通させると、その名も花小金井という駅を開業させた。もちろん「花」は桜を意味する。所在地は小金井村に隣接する北多摩郡小平村（現・小平市）にもかかわらず、武蔵小金井駅と同様、小金井橋に近かったことから、花見客を当て込んで強引な駅名を付けたのだ。

大正から昭和にかけて、小金井の桜にちなんだ駅が二つ続いて生まれたことになる。しかし肝心の桜は、昭和になると樹勢が衰えはじめ、戦後は交通量の激増に伴う排ガスの影響や樹齢を重ねたことにより木が枯れてしまった。いまでは玉川上水よりも、隣接する都立小金井公園のほうが花見の名所になっている。

私は小中学生時代を東京都東久留米市の滝山団地で過ごした。花小金井駅まではバスの便があり、横浜市の私立中学に通うときもこの駅を毎日利用していた。

七〇年代前半までは下りホームと上りホームの間が空いていて、電車が発着する線路のスペースがあった。それは花見の時期だけ花小金井止まりの臨時電車が走っていたことを示す痕跡だった。だが中学に通うときにはもうなくなっていて、ホームは一つになっていた。歴史の痕跡は、気づかないうちに少しずつ消えてゆくものだ。

加藤周一と荒川鉄橋の時間

評論家の加藤周一は、一九五〇年代にフランスに留学し、米国やカナダでも教鞭《きょうべん》をとるなど、日本人の海外渡航が自由化される以前から飛行機に乗り、外国に長期滞在した。国際線の飛行機が羽田を離陸するや、加藤の思索の旅はもう始まっていた。

「眼下の街は、涯《はて》もなく拡《ひろが》る雲の海の彼方《かなた》に、たちまち遠ざかる。規則的な発動機の音は、地上の時間の秩序の終《おわ》るのを知らせる。私は行先を考えず、禁煙の掲示が消えたのを確《たしか》めながら、煙草《たばこ》に火をつける。私は生涯を考え、他人との関係についてではなく、自分自身について、自分が今ここにいるのはなぜだろうか、と考える。私はあらゆる社会から切りはなされた一刻の私自身を味《あじわ》う」(『羊の歌』)

加藤にとって、国際線の飛行機に乗っている時間は特別なものだった。その時間は日本に属してもいなければ、これから訪れようとする国にも属していなかった。自分自身以外のいかなるアイデンティティーにも属さない時間を味わったと言うのだ。

鋼鉄のトラスが連なる荒川鉄橋=2004年10月、東京都北区の荒川堤防から撮影

この感覚は、小学校時代に当たる昭和初期に、父の生家があった埼玉県北足立郡中丸村（現・北本市）を列車に乗って訪れたときの記憶につながっていた。

東京府豊多摩郡渋谷町（現・渋谷区）で生まれ育った加藤は、父の生家を家族で訪れるのを楽しみにしていた。そのときは渋谷から山手線の電車に乗り、上野で高崎線の列車に乗り換えた。

当時は上越国境を貫く清水トンネルが開通する前で、高崎線を走る多くの列車が信越本線に乗り入れ、長野や新潟まで向かっていた。そのせいか加藤も「信越本線の汽車」（同）と記している。

幼い加藤が注目したのは、列車が赤羽を出て荒川鉄橋を渡り、東京府から埼玉県に入るときだった。

「鉄橋を渡る車輪の規則的な音が俄《にわ》かに高まり、私はいつもの生活の時間表から、そのとき、決定的に解放されるのを感じた。車窓には屋並《やな》みも人影も消えて、河原の広い空と河原との間に、荒川の水が光る。住みなれた町の空間とは全く別の、もうひとつの空間がそこに拡っていた。鉄橋の上で私は、すでに全く東京を離れ、しかもまだ田舎に着いているのではなかった。（中略）鳴り響く汽笛は、目的地への期待をよびさます以上に、すべての日常性からの解放の感覚をよびさました」（同）

列車が鉄橋を渡る時間というのは、住みなれた町の日常から解放されながら、これから向かおうとする村の日常にも属していなかった。そのわずかな時間に車窓から眺めた荒川の風景こそ、加藤周一の生涯を貫く思索の原風景となったのだ。

鉄道とパトリオティズム

民俗学者として全国の鉄道を利用した柳田國男は、一九三四（昭和九）年に発表した「旅人の為に」（『豆の葉と太陽』所収）で、列車の窓から眺められる絶景区間を列挙してから、こう述べている。「日本はつまり風景のいたって小味な国で、この間を走っていると知らず識《し》らずにも、この国土を愛したくなるのである。旅をある一地に到着するだけの事業にしてしまおうとするのは馬鹿げた損である」

「この国土を愛したくなる」感情というのはパトリオティズムであって、ナショナリズムではない。それは目に見える具体的な国土を愛する感情であって、目に見えない抽象的な国家を愛する感情とは区別されるものだ。

柳田が車窓から見える絶景として真っ先に挙げたのが、北陸本線の杉津《すいづ》付近から見える日本海である。「越前の杉津の駅頭から、海に臨んだ緩傾斜を見おろした眺めなどは、汽車がほんのもう一分だけ、長く止まっていてくれたらと思わぬ者はない」（同）

霧に包まれた第一只見川橋梁を渡るJR只見線の列車=2018年6月27日夕、福島県三島町、福留庸友撮影

しかし、現在のJR北陸本線の車窓からこの風景を眺めることはできない。六二年に同線の敦賀—今庄間に総延長一万三八七〇メートルの北陸トンネルが開通し、杉津など三つの駅が廃止されたからだ。これに伴い、車窓はトンネルの闇に覆われてしまった。

それでもまだ、北陸本線にはトンネルの前後に車窓から風景を眺められる区間が残っている。二〇二三年度末の開通を予定している北陸新幹線の金沢—敦賀間では、総延長一万九七六〇メートルの新北陸トンネルの建設が進められている。在来線よりも長いトンネルが連続する新幹線では、もはや風景を眺めること自体ができなくなる。

全国で新幹線やリニアが建設され、「旅をある一地に到着するだけの事業」にすることがはびこるほど絶景区間は失われ、パトリオティズムも衰退する。代わって抽象的な国家に自らを重ね合わせるナショナリズムが台頭してきたと考えるのは早計だろうか。

確かにそれは早計だろう。絶景区間を眺められるローカル線は、まだ残っているからだ。福島県の会津若松と新潟県の小出を結ぶＪＲ只見線もその一つである。一一年の豪雨で途中の会津川口─只見間が不通になっているが、二二年に復旧することが決まっている。

コロナ禍が広がるまで、只見線の車内は中国や台湾、タイなど、アジアから来た乗客であふれていた。春の桜や秋の紅葉ばかりか、只見川から霧が立ちのぼる夏や、一面の雪景色に覆われる冬もまた、彼らにはここにしかない雄大な風景に映ったようだ。「この間を走っていると知らず識らずにも、この国土を愛したくなる」と感じているのは、経済合理性を第一に考える日本人よりも、自国では見られない車窓や走る列車をわざわざ眺めるために来日した外国人かもしれない。

駅名が「聖蹟」に変わったわけ

朝鮮民主主義人民共和国の首都平壌《ピョンヤン》には、千里馬線と革新線という二つの地下鉄がある。どちらも駅名は、戦勝、勝利、光復、建設、建国、紅星など、戦争や革命や政治にちなんだ二字の熟語でほぼ統一されている。

日本では、駅の所在地の地名や付近の社寺、学校、公園などの名称をそのまま駅名にする場合が多い。東急東横線と大井町線が乗り入れる自由が丘駅の「自由」も、付近に創立された自由ケ丘学園という学校に由来するもので、自由という理念自体を掲げているわけではない。

しかし例外がある。その一つが、東京都多摩市にある京王電鉄京王線の聖蹟《せいせき》桜ケ丘駅だ。駅前に京王電鉄の本社があり、京王ライナー、特急、準特急などがすべて停車する主要駅である。

見慣れない「聖蹟」という熟語は、いったい何を意味しているのか。文字通り読めば

「聖なる跡」だ。聖なる人物が残した足跡と言い換えてもよいだろう。

話は昭和初期にまでさかのぼる。大正から昭和になると、明治天皇の誕生日である一一月三日が「明治節」という祝日になるなど、明治ブームが起こった。文部省は明治天皇が全国各地を回った際に宿泊や休憩のために使った施設を「聖蹟」として顕彰するキャンペーンを始め、一九三三（昭和八）年にまず八六カ所が指定された。そのなかに東京府南多摩郡多摩村（現・多摩市）の「連光寺御小休所《ごしょうきゅうしょ》」が含まれていた。

愛馬に乗った明治天皇像の除幕式=1930年11月9日、多摩聖蹟記念館

連光寺御小休所は、多摩川に面した多摩丘陵の一角にあり、天皇がウサギ狩りや鮎《あゆ》漁のために四回足を運んだ場所だった。同じ場所をわざわざ四回も訪れた「聖蹟」はほか

になかった。天皇は多摩川を鴨川に見立て、生まれ育った京都を眺めているかのような気分にひたったのだろう。

三〇年にはこの地に、明治天皇騎馬像が置かれた多摩聖蹟記念館が開館した。そして三七年五月には京王電気軌道（現・京王線）の関戸という駅名が聖蹟桜ケ丘に改称された。天皇の神格化が強まった時代に、京王は駅の所在地にちなんだ駅名を捨て、明治天皇を聖なる人物としてたたえる駅名に変えたのである。

憲法が改正され、天皇が象徴となった戦後もなお、京王は戦中期と同じ駅名を維持していることになる。だからこそ「聖蹟」という熟語には違和感を覚えてしまう。

だが京王の利用客にとっては、長年の習慣からすっかりなじんでいるだろう。駅の所在地はいまなお多摩市関戸だが、元の駅名に戻す必要はないと感じているに違いない。もはや本来の意味はわからなくなり、「聖蹟」は京王のショッピングセンターを意味する「せいせき」として定着しているからだ。

小田急「相武台前」の由来は

東京郊外の住宅地には「〇〇台」という地名が多い。そのほとんどは、戦後になって付けられたものだ。

戦前からある数少ない地名の一つが、神奈川県相模原市と座間市双方の町名になっている「相武台」である。

命名したのはなんと昭和天皇。一九三七（昭和一二）年九月に東京の市ケ谷にあった陸軍士官学校が高座《こうざ》郡座間村（現・座間市）に移転すると、天皇は同年一二月に初めて訪れた。このときに学校の所在地として名付けたとされている。

相武台というのは、『古事記』に相模国を「相武《さがむ》国」と記していること、また「武ヲ相《み》ル」という意味が込められていることに由来する。

二七年に新宿―小田原間を開通させた小田原急行鉄道（現・小田急電鉄）は、陸軍士官学校の最寄り駅の「座間」を「士官学校前」に改称し、さらに四一年一月に「相武台前」

陸軍士官学校内の相武台碑=1940年

に改称した。軍事施設があることを敵に察知されないようにするための改称であった。

実は、小田急は「相武台」への改称を考えていた。だが「なにぶんにも陛下のご命名という由来があるだけに軍は難色を示し、結局、相武台ではイカンが相武台前ならまアよかろう、ということでやっと認可になった」（『小田急五十年史』）

肝心の昭和天皇は、三七年から四四年にかけて陸軍士官学校を七回も訪れたのに、小田急を一度も利用していない。その代わりに原宿の宮廷ホームから御召列車に乗り、中央線の八王子を経由して横浜線の原町田（現・町田）まで行き、原町田からは自動車に乗り換え、天皇のために敷設された「行幸道路」（現・東京都道・神奈川県道51号町田厚木線）を進むという、遠回りのルートをとった。

なぜ天皇は早く行ける小田急を使わなかったのか。おそらく原宿とつながる国有鉄道の中央線や横浜線のほうが、御召列車を走らせるには都合がよかったからだろう。

戦後になると、相武台前駅から小田急に乗る新たな人物が現れるようになる。米国人の兵士たちだ。

敗戦により陸海軍は解体され、陸軍士官学校があった相武台は米軍に接収された。四五年八月三〇日、マッカーサーが相武台に近い厚木飛行場に到着し、九月三日には米第八軍所属の第一騎兵師団傘下の大部隊が相武台に進駐した。

こうした動きをつぶさに観察していたのが、相武台に比較的近い愛甲郡中津村（現・愛川町）に住んでいた思想家の大川周明だった。九月八日の日記には「朝相武台〔前〕駅にて米兵の一隊小田急にて上京する様子を約一時間見物」とある（『大川周明日記』）。

しかし、大川が米兵を眺める日々は、長くは続かなかった。GHQからA級戦犯に指名された大川は、同年一二月一二日、中津村の自宅（現・古民家山十《やまじゅう》邸）から東京の巣鴨プリズンに護送されている。

幻の「柿生離宮」と柳田國男

一九四一（昭和一六）年四月一六日、小田急小田原線の柿生《かきお》付近の多摩丘陵を歩く四人の男性の姿があった。宮内大臣の松平恒雄、同秘書官の筧素彦《かけい》、宮内省内匠《たくみ》寮管理課長の池田秀吉、そして護衛の私服警官だった（『昭和史の天皇』二）。

全くの隠密行動で具体的な資料がないため、柿生まで電車で行ったとは断言できない。だが目立たぬようハイキング客を装ったというから、小田原線に乗った可能性が高い。まだ少なかった自動車で行けば、かえって目立ってしまうからだ。

池田秀吉によると、彼らが向かったのは柿生駅の北西に当たる東京府南多摩郡鶴川村（現・町田市）で、「柿生離宮」の建設が計画された多摩丘陵の一角を視察するのが目的だった。実は離宮というのは名目にすぎず、十分な防空施設のない宮城（皇居）に代わる新皇居を建設しようとしたのである。

この計画がひそかに練られた半年もの間、柿生駅では宮内省の関係者が乗り降りしたに違いない。しかし結局、「あれは見合わすよ」という松平宮相《きゅうしょう》の一言によって、歴史の闇に葬られた。

世田谷区成城町（現・成城）に住んでいた民俗学者の柳田國男は、戦時中、毎週のように成城学園前から小田原線の下り電車に乗り、多摩丘陵一帯を散策する習慣を続けた。小田急が四二年に合併されて東急になってからは、線名が東急小田原線に変わっていた。

自宅の庭を歩く柳田國男=1961年、東京都世田谷区成城町（当時）

四四年から四五年にかけての日記である『炭焼日記』には、柳田が柿生で下車する記述がよく出てくる。成城学園前から柿生までは、二〇分ほどしかかからなかった。

例えば四四年二月一六日には、柿生駅から南多摩郡稲城村（現・稲城市）の杉山神社や天満神社に立ち寄りながら、南武鉄道（現・JR南武線）の稲城長沼駅まで歩いている。柳田は当時六八歳だったが、「二里を超ゆる」起伏に富んだ道を歩き通したのだ。

同年四月一二日には、柿生駅から川崎市金程《かなほど》まで丘陵を上り、眺望を楽しんだ。そこから同市細山を経て丘陵を下り、稲城長沼の隣駅の矢野口に出ている。

南武鉄道は、四月一日に運輸通信省に買収されて南武線になったばかりだった。柳田は「省線になつてしごとぶり最悪なり」と記している。長らく私鉄の沿線に住み慣れた柳田にとって、鉄道事業は民間が行うべきものと認識されていたようだ。

この前年には、鶴川村広袴《ひろばかま》を訪れている。広袴は、まさに柿生駅の北西に位置していた。柳田は広袴の印象を、「丘陵地の窪《くぼ》み」（『水曜手帖』）と記している。ひょっとしたらこの窪みに、柿生離宮が建てられたのかもしれないと思った。

荷風が見た井の頭線の田園風景

一九四三（昭和一八）年一〇月二七日、永井荷風は東京都北多摩郡三鷹町（現・三鷹市）にある森鷗外の墓に詣でようとして渋谷に向かい、井の頭線のホームを目指した。現在、京王電鉄の傘下に入っているこの線は、もともと帝都電鉄として開業し、当時は五島慶太が率いる東京急行電鉄の一路線となっていた。

すでに太平洋戦争の開戦から二年近くが経っていたが、本格的な空襲はまだ始まっていなかった。吉祥寺ゆきの電車は一二分おきに出ていたから、荷風はそれほど待たずに乗れたと思われる。

下北沢のあたりまでは住宅地が密集していて、巣鴨や目黒などと変わらない車窓風景が続いた。だが明大前を過ぎたころから、少しずつ風景が変わり始める。

「やがて高井戸のあたりに至るや空気も俄《にわか》に清涼になりしが如き心地して、田園森林の眺望頗《すこぶる》目をよろこばすものあり。杉と松の林の彼方此方《かなたこなた》に横《よこたわ》りたるは殊にうれしき心地せ

道玄坂から渋谷駅方向を見る。左から京王帝都電鉄井の頭線、東京急行電鉄玉川線、営団地下鉄銀座線（渋谷検車区）が見えた=1952年

らるるなり。田間に細流あり、又貯水池に水草の繁茂せるあり、丘陵の起伏するあたりに洋風家屋の散在するさま米国の田園らしく見ゆる処もあり。到る処に聳《そび》えたる榎《えのき》の林は皆霜に染み、路傍の草むらには櫨《はぜ》の紅葉花より赤く芒花《おばな》と共に野菊の花の咲けるを見る」（『断腸亭日乗』）

高井戸から吉祥寺までの所要時間は、当時もいまも八分で変わらない。この八分間に車窓から見える風景を荷風がいかに凝視していたかが切々と伝わってくる、文豪らしい名文だと思う。

荷風は一九〇三（明治三六）年から〇七年までの間、父の意向で実業を学ぶために渡米していた。結局米国にはなじめず、〇七年から〇八年にかけてフランスに滞在することになるが、米国で見た田園風景は脳裏に焼き付いていた。井の頭線の風景は、久しぶりに荷風をして、その記憶を呼び覚まさせたようだ。

まさに米国と戦っているさなか、荷風は井の頭線の沿線に「米国の田園」を発見したのである。だがその風景は、やがて米国自身によって破壊されることになる。

四四年七月にサイパンが陥落したのに伴い、同年一一月から本格化する東京への空襲は、軍需工場が点在する郊外にも及んだ。とりわけ四五年五月二五日から二六日にかけての空襲では、井の頭線も二〇両を超える車両が焼失するなど、甚大な被害を受けた。

戦後の井の頭線は、東急から京王帝都電鉄（現・京王電鉄）に所管が変わった。住宅不足が深刻化するなか、井の頭線の沿線でも開発が進んでゆく。「京王、井之頭沿線の開発は、刻下最大の喫緊事である」（『京帝たより』五五年六月一日）。荷風が見たような風景がよみがえることはなかったのだ。

野上彌生子と南林間の少年工

小田急江ノ島線の南林間駅西口には、京都のような街なみが広がっている。碁盤の目のように街路が規則正しく整備され、線路に並行する南北の街路は一条通りから十一条通りまである。

一九二九（昭和四）年に開業したときには、南林間都市という駅だった。小田急の初代社長、利光鶴松《としみつつるまつ》は、ここに住宅地や学校などからなる「林間都市」を建設しようとしたが、東京からの遠さが災いして挫折し、四一年には駅名から「都市」が削られた。規則正しい街なみは、その遺産にほかならない。

土地を購入しただけで移住しなかった地主もいた。野上豊一郎、野上彌生子《やえこ》夫妻がそうだ。しかし戦況が悪化して食料不足が深刻化する四四年になると、この土地を放置しておくのはもったいないと考えるようになり、彌生子が何度か出向いている。

当時の彌生子は日暮里《にっぽり》に住んでいた。南林間に行くには山手線で新宿に出て、江ノ島線

英国から米国などを経由して帰国した野上豊一郎と野上彌生子
=1939年

の終点、片瀬江ノ島ゆきの電車に乗る必要があった。この電車は毎時0分発で、新宿から南林間までの所要時間は五五分だった。

二月八日には、新宿10時発の電車に乗っている。現地で弁当を食べていると、「透明に晴れた青い空の彼方《かなた》にドーン、ドーンといふ音が時々する」（『野上彌生子全集』第二期第八巻）。その音は高座郡相模原町（現・座間市）にあった陸軍士官学校のほうから聞こえてきた。彌生子は「士官学校の練習の空砲でもあるらしい」（同）と感じた。

四月二三日に新宿から乗ったときには、車窓風景がすっかり変わっていた。

「沿道の春色美し。殊に稲田登戸（現・向ケ丘遊園）辺の桜とあのあたりの桃畑の桃の花を見たのははじめてであつた。多摩の浅い清流、白い磧《かわら》。岸の松林を透いて桃畑の花が低く紅雲を棚びかせてゐる眺めは中々美しかつた。梨畑の方はまだ花なく、低い棚の上にわづかに小さい芽吹きを見せてゐた」(同)

土地の視察を終えた彌生子は、南林間駅で一時間ほど上り電車を待った。このとき、カーキ色のそろいの服を着た少年たちに出くわした。「鮮人の少年職人十数名、がやがやと鮮語でしやべくりながら同じく電車を待つ。この近くの軍需工場に働いてゐるらしい」(同)。彌生子が記す「鮮人」「鮮語」は当時の朝鮮人や朝鮮語を指す蔑称だが、彼らは台湾少年工だった可能性が高い。労働力不足を解消するべく、台湾から来た多くの少年たちが南林間駅の南西にあった高座海軍工廠《こうしょう》で働いていたからだ。

とすれば、彌生子が聞いたのは朝鮮語でなく台湾語だったに違いない。皇民化政策が強まり、日本語を使うよう強制された戦時中ですら、公然と植民地の言語が話されていたのである。

ぬっと現れる大船観音

東海道本線の上り列車に乗ると、神奈川県の大船駅に着く直前、左手の車窓に巨大な白い胸像が迫ってくる。大船観音と呼ばれる観音像だ。線路が敷かれた方角を向いているから、車内からでも拝めるよう設計されたのではないかと思ってしまう。

美術史学者の木下直之は、初めて浜松から東海道本線の上り列車に乗り、大船観音を見たときの印象を「ぬっと姿を現わした」と述べた（「大船観音山中出現記」、『世の途中から隠されていること』所収）。周囲の風景にそぐわない違和感が、「ぬっと」という一言に凝縮されている。

大船観音が着工されたのは一九二九（昭和四）年。資金難や戦争から長らく工事が中断されるものの、三四年には輪郭が完成していた。新幹線がなかった時代、多くの乗客が上京する際に車内から大船観音を見たはずだ。

その一人に、大岡昇平の妻、春枝がいる。戦況が悪化しつつあった四四年六月、召集さ

JR大船駅そばの「大船観音」は車窓からもよく見える=2018年２月、鎌倉市

れて東京にいた昇平の出征が決まると、神戸にいた春枝は最後の見送りをしようと、東海道本線の上り列車に乗る。春枝は京都から東には行ったことがなかった。

　当時のダイヤから推定すると、春枝が乗ったのは神戸を8時15分に出る下関発東京ゆきの急行列車だった。大船着は18時58分ごろ。六月であれば、まだ空の明るさが残っている時刻である。

　八四年八月一四日、ＮＨＫ教育テレビで大岡昇平の特集番組があって春枝も出演したが、このときの上京についてこう回想している。

「それがちっとも覚えてなくて。……不思議ですね。大変なことになって気が動顛《どうてん》してたのは覚えてますが。（品川駅で出征を見送るために）神戸から出てきて、汽車で大船の観音様のところを通ったとき、丁度夕方暗くなる頃で、観音様が怖かったのだけ覚えてます。あとのことはすっかり忘れて……」（武田百合子『日日雑記』）

何も覚えていないのに、夕暮れにほの見える大船観音だけはしっかりと覚えている。永遠の別れを覚悟した春枝の心に、何か突き刺さるものがあったのだろう。

滋賀県の大津に住んでいた作家の種村直樹は、中学三年になる五〇年春、母と初めて上京する。大津9時9分発の急行に乗ると、大船着は18時17分。このとき母は、「ほうら、直ちゃん、観音さまよ。ここまで来れば、もう帰って来たようなものだわ。本当に久しぶり、なつかしいわ」と話したという（「まず乗り、観《み》て、降り、歩く」、『ユリイカ』二〇〇四年六月号所収）。

春枝にとっては怖《おそ》れを抱かせる大船観音が、種村の母にとっては東京に帰ってきたことを知らせる目印になっていた。ぬっと現れるからこそ、観音像はそれを見る人にさまざまな思いを呼び起こさせたのである。

高見順の絶望と敗戦後の横須賀線

北鎌倉に住んでいた作家の高見順は、敗戦直後の横須賀線にしばしば乗り、車内で目にした光景を日記に書き残している。

横須賀線の終点、久里浜は、戦地から帰還兵ら五六万人あまりが上陸した浦賀港に近かった。また海軍の横須賀軍港は連合国軍に接収されたため、米軍の兵士もまた横須賀線を利用した。帰還兵は一般の車両に乗ったのに対して、米軍の兵士は増結された「連合国軍専用車」に乗った。

一般の車両は満員で、北鎌倉からだと上りの東京ゆきに乗れない場合もあった。帰還兵は「栄養失調でまるで骸骨のよう」で、「いずれも骨と皮ばかりの、正視するに忍びない兵士たち」だった（『高見順日記』第六巻）。

一方、連合国軍専用車はガラガラに空《す》いていた。「アメリカ兵のほかに、アメリカ兵の連れた日本人の女が乗っている」場合も珍しくなかった。この光景を、同じ電車に乗って

いる帰還兵がどう見たかを想像すると、「私は堪《たま》らない気持だった」（同）

高見の日記は、同じ日本人のなかに、敗戦にうちひしがれた人々と、米軍から潤沢な物資を受けていた人々がいたことを浮き彫りにする。はじめは米軍の兵士と一緒にいるのを恥ずかしがっていた女性たちも、いまや誇らしげな態度に変わってしまった、とすら高見は述べる。

京浜東北線の蒲田ゆき電車。先頭車両は連合国軍専用を示す白帯を着けている=1949年、東京・新橋

だが横須賀線に乗る男性のなかに、後者の人々がいなかったわけではない。

侍従の入江相政《すけまさ》は、一九四六（昭和二一）年三月一九日と五月五日の夜に鎌倉から東京まで乗っている。三月一九日には「オートミールの罐詰《かんづめ》、桃の罐詰、牛肉の罐詰、バター、毛糸、チヨコレート、ウエーフアース、煙草《たばこ》、歯ブラシ、歯磨、石鹸《せっけん》」

を、五月五日には「スープ、ビーフ、ジヤム等の罐詰を十二罐、砂糖、アイスクリームのもと、くるみ等」を抱えていた（『入江相政日記』第三巻、朝日文庫）。

これらの品々は、すべて鎌倉市に隣接する藤沢市内にあったカトリックの女子修道会、聖心愛子会《せいしんあいしかい》（現・聖心《みこころ》の布教姉妹会）から贈られたものだった。入江は両日ともに東海道本線で藤沢に向かい、同会を訪れている。そして帰りは鎌倉に出て東海道本線より本数が多かった横須賀線に乗ったのだ。

同年一月八日に会長の聖園《みその》テレジアが参内して香淳皇后に会い、四月九日には皇后が聖心愛子会を訪れるなど、同会と皇室の関係は浅からぬものがあった。同会には、米軍のカトリック信者から大量の物資が届けられた。入江が抱えていた品々も、もとをたどれば米国から輸送されたものだったに違いない。

敗戦直後の横須賀線は、当時の政治や宗教や性が複雑に絡んだ権力関係を鮮やかに可視化する装置になっていたのである。

戦後巡幸と駅前広場

一九四七（昭和二二）年八月五日、昭和天皇は東京駅から御召列車に乗り、東北地方を視察する巡幸に出掛けた。15時35分、列車は常磐線の原ノ町駅に着いた。

七分停車する間に天皇は駅前広場に現れた。そこにはすでに、二万五千人もの人々が天皇を待ち構えていた。

全米図書賞を受賞した柳美里《ゆうみり》の小説『ＪＲ上野駅公園口』では、地元に住んでいた主人公の男性がこの場面を回想している。

「スーツ姿の天皇陛下が、中折れ帽のつばに手を掛けられ会釈をされた瞬間、誰かが絞るような大声で『天皇陛下、万歳！』と叫んで両手を振り上げ、一面に万歳の波が湧き起こった――」

昭和天皇が沖縄を除く全国を回った戦後巡幸は、四六年から五四年まで続いた。四七年六月に訪れた関西地方では、奉迎場に指定された中学校の校庭や旧練兵場などに多くの市

1949年の九州巡幸で、昭和天皇は諫早駅で下車し、駅前広場の奉迎場で万歳三唱に帽子を振って応えた=長崎県諫早市

民が集まり、天皇に向かって万歳を叫んだが、駅前広場が奉迎場になったのは、原ノ町駅が初めてだった（『昭和天皇実録』第十）。

昭和天皇が列車から降りて市街地を視察する場合には、なるべく多くの人々を収容できる空き地が奉迎場に選ばれた。しかし市街地を視察するだけの時間がない場合には、列車が駅に停車しているわずかな間に、駅前広場が奉迎場になったのだ。東北巡幸では原ノ町駅前のほかにも、東北本線の白河、一ノ関、奥羽本線の横手、大曲、東能代、大館の各駅前が、奉迎場へと早変わりした（同）。

それは結局、駅前広場が戦前同様の「君民一体」の空間になったことを意味する。

だがちょうど同じころ、駅前広場を全く別の空間にしようと考えた人物がいる。四七年四月、初めての統一地方選挙で杉並区長となった文筆家の新居格《にいいたる》である。

新居は、中央線の荻窪駅を区の中心とし、北口を広場にしようとした。その動機はこう記されている。

「駅頭が広場であってほしいのは、そこを人民討論場であらしめたいからだ。人々は集まって機智《きち》と理性の討論会たらしめ、選挙のときなどは意見発表の場所とも出来るからである。どうしても広場と大通りが要るのだ。現に、杉並の中心となろうとする傾向のほの見えるのは荻窪北口である」(『杉並区長日記　地方自治の先駆者・新居格』)

当時の荻窪駅北口には、闇市の立ち並ぶ猥雑《わいざつ》な空間が広がっていた。ここを駅前広場として整備し、古代ギリシャのアゴラのような「人民討論場」にしようというのが、新居の構想だった。

現実とあまりにかけ離れたこの構想に耳を傾ける議員や区民は少なかった。新居は体調を崩し、区議会や行政に失望してたった一年で区長を辞任している。

福永武彦と二つの武蔵野線

作家の福永武彦は結核を患い、一九四七（昭和二二）年一一月一日、東京都北多摩郡清瀬村（現・清瀬市）の国立東京療養所（現・国立病院機構東京病院）に入所した。そして五三年三月まで療養を続けながら外出を繰り返した。四九年五月二一日には「池袋までのムサシノ線がひどく混む」、五二年三月一四日には「武蔵野線の途中から雪が白く積《つも》つてゐるのを見る」と書いている（『福永武彦新生日記』）。

文中の「ムサシノ線」「武蔵野線」は現在の西武池袋線を指している。福永は都心に出る場合、療養所の最寄り駅だった清瀬から池袋まで、同線の電車に乗ったのだ。

西武池袋線の前身は武蔵野鉄道で、一九一五（大正四）年に池袋—飯能間を開通させ、二九（昭和四）年には吾野《あがの》まで延伸させた。四五年に旧西武鉄道と合併して西武農業鉄道、四六年に西武鉄道となったが、線名としてはずっと武蔵野線の通称が使われてきた。池袋線に改称されたのは、西武新宿駅の開業に伴い旧西武鉄道に当たる村山・川越線が新宿線に

東浦和—東川口間を走る国鉄武蔵野線=1982年10月25日、著者撮影

改称されたのと同じく、五二年三月二五日になってからだ。
しかし、武蔵野線という線名が忘れられたわけではなかった。六〇年に岸信介内閣が目指した日米安保条約の改定に反対する機運が高まったときには、沿線の石神井公園に住んでいた哲学者の久野収を中心として、この線名にちなんだ団体が結成された。
「旧むさしの線沿線に住む学者文化人達は、民主々義の根本原理に立ちかえって、自分達の住んでいる地盤から本当の民主々義を産み出してゆくために『むさしの線市民の会』を作りました」（『声なき声のたより』創刊号）
久野は「いまの西武池袋線の沿線ですが、一層広い領域を意味させるために、旧称を使ったのです」（『久野収集』V）と回想する。だがもしそうなら、むしろ新宿線や豊島《としま》線や路線バスのエリアも含まれる「西武」を使うべきだったろう。武蔵野線の名称が消えてまだ八年しか経っていなかったのを踏まえれば、「むさしの線」のほうが沿線のアイデンティティーを表すのにふさわしいと判断したのではないか。

それから一三年後の七三年四月一日、国鉄武蔵野線の府中本町—新松戸間が開通した。もはや西武池袋線が武蔵野線と呼ばれてきたことなど、すっかり忘れられていた。

私は開通当日、府中本町から父と一緒に乗った。本来の武蔵野に当たる区間は、トンネルが多くてがっかりした。景色に目をみはったのは、東浦和を過ぎて「見沼田んぼ」と呼ばれる広大な緑地帯が現れたときだった。

それは福永武彦が武蔵野線の電車から見たはずの畑や雑木林が広がる景色とは違っていたのだが、新たな武蔵野線を象徴する風景として強く印象に残った。私にとって見沼田んぼは、大切な散策先の一つとなった。

東海道本線から富士を見る

首都圏に住んでいると、富士山はなじみのある風景になっていることが多い。そのせいか、下りの東海道新幹線で右手に富士山が見えてきても、しきりに撮影しているのは外国人だったりする。

だが関西などに住んでいると、ふだんは見られない富士山が車窓に現れたときの感動は、決して小さくあるまい。上りの東海道新幹線では、蒲原《かんばら》トンネルを抜けて富士川の鉄橋を渡るところで、左手の車窓に大きくその姿をとらえることができる。

東海道新幹線が開通する前には、東海道本線に特急や急行が頻繁に走っていた。とりわけ同線の興津《おきつ》から富士にかけては絶景区間として知られていた。新幹線のように長いトンネルがなく、駿河湾に沿うようにカーブを描いて走ったため、また新幹線ほど速くはなかったため、左右の車窓に交互に現れる富士山をじっくりと眺められた。

一九五〇（昭和二五）年五月六日、阪急の創業者で、四〇年以上にわたって大阪郊外の

富士山と駿河湾。東名高速と国道１号、JR東海道本線が走る=2007年、静岡県由比町（現・静岡市清水区）

池田に住んできた小林一三が、大阪を正午に出る東京ゆきの特急「つばめ」に乗った。この列車が静岡を18時10分に出るころには、ようやく陽《ひ》が傾いてきた。

「興津を出て右手の海岸の風光を眺めて居ると富士の山が反面夕陽を受けて裾の連山の上に美しくかゞやいて見る景色は実に嬉しかった。岩淵〔現・富士川〕へ近くになると富士山は左の正面に暮色アンタンたる裡《うち》にうす墨の如く浮かんで立つ。数十年来いつもいつも接する景色であるがコンナニ偉大なる姿を見るのも珍らしい」（『小林一三日記』第三巻）

小林が目にしたのは、晩春の夕方の雪の残る富士山だった。これとは対照的に、晩秋の早朝のうっすら雪をかぶった富士山を車内から眺めた人物がいる。政治学者で拓大総長の矢部貞治《ていじ》である。

六二年一一月一九日の17時過ぎ、矢部は鳥取県の米子から東京ゆきの寝台急行「出雲」に乗った。翌朝の6時33分に富士に着くころ、カーテンをめくると「晴れ渡った空に富士山が完璧な姿で聳《そび》え、頂上の新雪にだけ朝日が映えて、崇高な姿だった」（『矢部貞治日記』躑躅《つつじ》の巻）

矢部は小林とは異なり、東京に住んでいたが、その矢部ですら富士山の「崇高な姿」に釘付けになったのだ。確かにこれは、東海道本線上りの夜行列車ならではの車窓風景だったに違いない。

古代の山部赤人も近代の明治天皇も、東海道を東へ向かう途上、初めて富士山を見たとされている。東海道本線の上り列車に乗り、かつての東海道とほぼ重なる興津―富士間で富士山を眺めることは、千数百年にわたる日本人の旅の体験と響き合うものがあったのである。

「恥ずかしくて名刺にも書けない」駅名

東急田園都市線のたまプラーザ駅は、横浜市青葉区美しが丘にある。美しが丘に住んでいた作家の阿川弘之は、「元々『港北区元石川』という地域が今では『青葉区美しが丘』で駅名が『たまプラーザ』。恥ずかしくて名刺にも書けないと、はじめは怒ってたんです」と私に話した（「鉄道は国家なり」、『言葉と礼節　阿川弘之座談集』所収）。

一九六三（昭和三八）年に田園都市線の溝の口―長津田間の延伸工事が始まった当初、駅名は暫定的に「元石川」とされていた。それが六五年九月の常務会で「たまプラーザ」に変更されたのだ。たまは多摩を、プラーザはスペイン語で公共の広場を意味する。当時の社長、五島昇が、東急の開発する「多摩田園都市」に広場中心の街づくりがなされるのを願って命名した（『多摩田園都市』）。

当時の最新の住宅地は、日本住宅公団が建設する団地だった。関東の私鉄は、団地の完成に合わせて団地と同じ名称の駅を開業させたり、最寄り駅の名称を団地名に改称させたりした。西武新宿線の新所沢、西武池袋線のひばりケ丘、新京成電鉄の常盤平《ときわだいら》と高根公団、小田急小田原線の百合ケ丘、東武伊勢崎線の松原団地。みなそうである。沿線に大団地ができることは、私鉄のイメージが上がるとともに通勤客数も一気に増えるという二重のメリットがあると信じられていた。

1968年当時のたまプラーザ団地=横浜市港北区元石川町（現・青葉区美しが丘１丁目）

ところが東急は、そうした時流に乗らなかった。あくまでも一戸建て主体の住宅開発を進めたからだ。確かに六八年にはたまプラーザにも団地ができたが、総戸数は一二五四戸と少なかった上、全戸分譲だった。総戸数が五九二六戸で全戸賃貸の草加松原団地のような大団地は、田園都市線の沿線にはなかった。

一戸建て主体の住宅開発は時間がかかる。私が七五年に西武沿線からこの沿線に移ったときには、まだ自然豊かな丘陵地帯があちこちに残っていた。当時すでに西武池袋線や西武新宿線では一〇両運転が始まっていたが、田園都市線は四両運転で、平日朝の上りを除いて各停しかなかった。

それから四五年あまりが経ち、田園都市線沿線は大きく発展した。逆に団地の多くは建て替えられ、マンションのような名称になった。松原団地という駅名自体が「獨協《どっきょう》大学前」に改称され、百合ケ丘の隣の新百合ケ丘は駅名の由来を明かさぬまま、駅前が芸術のまち「しんゆり」に変貌《へんぼう》しつつある。そう考えると、東急の構想の一貫性はやはり見事というほかない。

だが五島昇が夢見た広場中心の街なみは、たまプラーザに現れたのか。「恥ずかしくて名刺にも書けない」という阿川弘之の怒りは、いまなお当たっているのではないか。沿線の一住民として、そんな感を深くする。

ステンレス車両の進出と阪急の矜持

中学時代まで西武沿線の団地で過ごした私にとって、初めて東急東横線に乗ったときの衝撃は大きかった。西武ではまだ床が木製の車両が少なくなかった時代に、東急ではすでに銀色のステンレスカーが独特のモーター音を上げながら走っていた。

当時、オールステンレスの車両は珍しく、ステンレスといえば東急というイメージがあった。だがいまや、銀色の車両は全国的にゆきわたっている。首都圏では地下鉄を介して相互乗り入れが広がり、どの車両が東急なのかすらわかりにくくなった。

かつて国電と呼ばれた首都圏の国鉄の電車はどの線も同じ茶色をしていたが、一九五七(昭和三二)年には新性能の通勤電車として中央線に101系が投入された。あのオレンジ一色に塗られた車両の元祖に当たる。六〇年代には山手線など他の国電の車両も、それぞれ別個の色に塗られるようになった。

だが国鉄が分割民営化される八〇年代後半から、ステンレスの車両が徐々に進出する。

2010年に引退した中央快速線の201系=08年9月、東京都新宿区のJR新宿駅

二〇〇六（平成一八）年からは中央線にも銀色の新型車両が投入され、一〇年にはついに101系の後継に当たるオレンジ一色の201系が引退に追い込まれた。

私はこのとき反対運動が起こるのではないかと期待していた。中央線の沿線ではしばしば市民運動が起こってきたし、中央線＝オレンジというのは半世紀以上にわたり沿線住民のアイデンティティーを規定してきたと思ったからだ。しかし実際には、そうした運動が全くなかったことにいささか拍子抜けした。

関西には、銀色の車両がゆきわたる鉄道業界全体の傾向に一貫してあらがってきた私鉄がいくつかある。その一つが大阪と宝塚、神戸、京都などを結ぶ阪急電鉄だ。

阪急の車両は、一九一〇（明治四三）年の

開業から「阪急マルーン」と呼ばれる小豆色で統一されている。それだけではない。精神科医の中井久夫はこう述べている。

「阪急電車は、一九二八年の、当時斬新な設計であった九〇〇型（当時の名称）完成以来今日まで基本的デザインも外見をも変えず、車体のマルーン（栗）色も車内の白い天井も、木目を写した明茶色の側壁も、アンゴラ兎《うさぎ》〔正しくはヤギ〕の毛織物の金緑色のシートに至るまで変えていない」（「阪神間の文化と須賀敦子」、『時のしずく』所収）

外見ばかりか車内の意匠も変わらない。たとえ車両は新しくなっても、昭和初期とそれほど違わないように見える電車にいまなお乗れるということだ。車体の上部に白い帯をつけただけで、阪急でなくなるという反対意見が沿線住民から出てくる。この話を聞いたときには、中央線との違いをつくづく実感させられたものだった。

第三章

文学者の時刻表

啄木が愛した石狩の海

一八八〇（明治一三）年一一月二八日、北海道で初めての鉄道が小樽に近い手宮（現在は廃止）と札幌の間に開通した。新橋—横浜間の鉄道開業からわずか八年後のことだった。鉄道が開通して百年も経てば、沿線の風景はすっかり一変している。新橋—横浜間で鉄道が開業したときの車窓風景を眺めることなど、もうできるはずもない。しかし現在の函館本線に当たる小樽—札幌間には、それができる区間が残っている。

函館本線の下り列車は小樽から二駅目の小樽築港を出ると、左手に日本海に属する石狩湾が現れる。右手は山が急傾斜で湾に落ちている。列車は小樽築港の次の朝里《あさり》から銭函《ぜにばこ》まで約八キロにわたり、山と湾の間に築かれた低い護岸に沿って走る。人家や道路は全く見えない。札幌の近郊区間に属しながら、地形が幸いして奇跡的に開発を免れてきたのだ。

一九〇七年五月に岩手から北海道に渡った石川啄木は、同年九月から翌年一月にかけて、この区間を通ったときの印象を三回書き残している。

北海道函館市にある石川啄木座像

一回目は九月一四日。函館大火で勤務先が焼失し、北門新報社に就職するため中央小樽（現・小樽）から札幌に向かった。啄木は「十一時半再び車中の人となりて北進せり、銭函にいたる間の海岸いと興多し」と記している（「明治四十丁未歳日誌」、『石川啄木全集』第五巻日記1所収）。

二回目は九月二七日。北門新報社をわずか一〇日あまりで辞め、小樽日報社の記者となるため午後、札幌から中央小樽に向かった。このときは秋雨が降っていた。

「雨中の石狩平野は趣味殊に深し、銭函をすぎて千丈の崖下を走る、海水渺満《びょうまん》として一波なく、潮みちなば車をひたさむかと思はる。海を見て札幌を忘れぬ」（同）

一回目に見たときの印象が残っていたからこ

そ、啄木は車窓に目を凝らしたのだろう。穏やかな海の広がる様子が伝わってくる。

そして三回目は一月一九日。小樽日報社を辞めて釧路新聞社（現・北海道新聞社）に勤めるため、中央小樽午前11時40分発の列車に乗っている。

「窓越しに見る雪の海、深碧《しんぺき》の面が際限もなく皺立《しわだ》って、車輛《しゃりょう》を洗うかと許り《ばか》岸辺の岩に砕くる波の徂来《ゆきき》、碧《あお》い海の声の白さは降る雪よりも美しい。朝里張碓《はりうす》は斯《か》くて後になって、銭函を過ぐれば石狩の平野である」（「雪中行」、『石川啄木全集』第八巻所収）

張碓は朝里―銭函間にあり、利用客がいないため二〇〇六（平成一八）年に廃止された駅だ。二回目に見たときとは対照的な、冬の日本海ならではの荒々しい風景が啄木の胸を打っていたのがわかる。

啄木は〇七年五月五日に船で津軽海峡を渡ったとき、「我が魂の真の恋人は、唯海《ただ》のみ」と感じていた。列車から三回眺めた石狩湾の風景は、その感をますます強めたのではないか。いまなお同じ風景が眺められる函館本線に乗れば、当時の啄木の心境に迫れるかもしれない。

『春の雪』に描かれた婦人専用車

三島由紀夫『春の雪』は、侯爵家の松枝清顕《まつがえきよあき》と、伯爵家の綾倉聡子の間に繰り広げられる禁断の恋を描いた小説として知られている。

時は明治から大正へと移り変わるころだ。松枝家の書生の飯沼茂之は「清らかな偉大な英雄と神の時代は、明治天皇の崩御と共に滅びました」と嘆いている。そして「電車の中で男女学生間の風儀が乱れるので」導入された婦人専用車を、新しい時代の象徴として槍玉《やりだま》にあげている。

この婦人専用車は、大正改元の年に当たる一九一二（明治四五）年一月末から、沿線に女学校が多かった中央線で走り始めた。「中野昌平橋間に各駅から婦人専用電車を朝の八時半前後と午後の三時半前後に数回運転せしむることに決定し此《この》電車を女学生が利用する様に」（「東京朝日新聞」同年一月二八日）したわけだ。昌平橋駅は御茶ノ水駅のすぐ近くにあり、当時の中央線の始発駅だった。

下関ゆき特急列車の展望車のデッキに立つ李王世子（りおうせいし）垠（ぎん）と方子（まさこ）妃。右の女性に抱かれているのは長男の晋（しん）=1922年４月、東京駅

車内の痴漢から女学生を守らなければならなくなったことが、時代の大きな変化を感じさせたのだ。茂之にとっての大正とは、「人々は金銭と女のことしか考え」ず、「男は男の道を忘れてしま」った「軟弱な、情ない時代」にほかならなかった。

同年六月、東海道本線のダイヤが改正された。新橋―下関間に特急列車が初登場し、オープンデッキの展望台を最後部に備えた一等展望車が連結された。『春の雪』には、この展望車が重要な役割を果たす場面がある。

聡子は皇族の洞院宮《とういんのみや》治典王《はるのりおう》と婚約していたが、清顕とひそかに交わるうちに妊娠してしまう。大阪で堕胎手術を受けるため、聡子は新橋駅から特急列車の展望車に乗る。清顕は駅で見送るが、これが二人にとって永遠の別れとなった。「聡子も、二人の夫人も、ついに姿を現わすことのなかった後尾の欄干が、たちまち遠ざかった」（同）

聡子が大阪からさらに向かったのは、奈良の月修寺だった。彼女は剃髪《ていはつ》し、世間との関わりを断つ。聡子が帰ってこないと知らされた松枝家は、綾倉家の承諾を得て、聡子を「強度の神経衰弱」とする診断書を「脳病院」の医師に作成させる。「この九月から、いろいろ奇矯な振舞《ふるまい》があった」ことにして、洞院宮家に結婚を諦めさせるのだ。

こうした展開は、まさに脳の病気に侵され、二一（大正一〇）年以降公式の場から姿が消える大正天皇の運命を暗示してはいないだろうか。

明治天皇の御真影に象徴される男らしさは消え、天皇は「奇矯な振舞」を重ねた末に押し込められる――これこそが三島の描こうとした大正という時代ではなかったか。『春の雪』に続く『奔馬《ほんば》』では、茂之の子、勲を主人公として、大正を否定する次の時代が描かれることになる。

与謝野晶子が乗った目蒲線

一九二三（大正一二）年九月一日に起こった関東大震災は、東京に甚大な被害をもたらした。鉄道もまた影響を受けたが、被害が比較的軽かったために被災者が沿線に多く移り住んだ線がある。目黒と蒲田を結ぶ目黒蒲田電鉄目蒲線（現・東急目黒線および東急多摩川線）である。

目蒲線の沿線では、「田園都市」と呼ばれた洗足《せんぞく》や多摩川台（後の田園調布）などの分譲住宅地が開発された。震災の被害をほぼ受けなかったことで、田園都市の名声は高まり、目蒲線の乗客数は急増した。

二五年四月二五日、与謝野晶子は夫の鉄幹とともに自宅の最寄り駅の牛込（現・飯田橋）から中央線の普通電車に乗り、代々木で山手線に乗り換えて目黒まで行った。その間の車窓から見えたのは、「晩春初夏を一所にした八重桜と若葉の丘、その間間に原宿、渋谷、広尾の郊外街」（「郊外散歩」、『與謝野晶子評論著作集』第二二巻所収）だった。

与謝野鉄幹、晶子夫妻

目黒駅では、同じ窓口で国有鉄道の山手線と私鉄の目蒲線の切符を発売していた。晶子の眼には、それが好ましく映《い》った。「社会の凡《すべ》ての事がかう云ふ風に官私の別を立てずに便利であつて欲しいと思つた」（同）からだ。

目黒からは初めて目蒲線に乗った。当時の時刻表によれば、目黒—蒲田間は一一分ないし一六分おきの運転だったが、晶子と鉄幹が乗った電車は途中の調布（現・田園調布）止まりだった。晶子は、中央線や山手線とは全く異なる車窓風景に目を奪われる。

「駅駅が皆新開街を背景にし、広

く柔かに起伏する丘陵地に洋風建築の多いのが目に立つ。東京の南郊がこんなに発展して居ようとは想像もしてゐなかつた。電車は頻《しき》りにS字を描いて走つて行く。麦畑の縞《しま》、菜の花の塊、白い雲を映してゐる洗足の池」（同）

「洗足の池」は日蓮がここで足を洗ったという言い伝えの残る湧水池だ。現在、洗足池という駅は東急池上線にあるが、当時は目蒲線の車窓からもこの池が見えたのだろう。

乗ること一五分あまりにして、電車は終点の調布に着いた。「噂《うわさ》に聞いてゐた『田園都市』の中心である駅の建物から幅射線状の路が切り開かれ、何《いず》れも緩い爪先《つまさき》上りになつてゐる」（同）。いまでも田園調布駅の西口を出ると、晶子が見たのと変わらない街並みが広がっている。

晶子と鉄幹は、向かって右側の街路を上ったところにある工学士の新築の邸宅を訪れた。「之《これ》が東京の郊外であるとは思はれないほど、家と家とが広く離れて散在し、視野の大きな遠景が軽井沢とも云ふべき高原の趣である」（同）。晶子は、震災でかろうじて焼失を免れた「古い汚い半朽ちた家」（同）に多くの子どもたちとともに暮らすわが身との落差を感じずにはいられなかった。

漱石と中也、「汽車」と「電車」

夏目漱石の小説『三四郎』には、三四郎が熊本から上京したとき、「電車のちんちん鳴るので驚いた」とある。同じく小説『それから』の最後は、「代助は自分の頭が焼け尽きるまで電車に乗って行こうと決心した」の一文で終わっている。どちらも明治末期の作品である。

漱石は小説のなかで、「汽車」と「電車」を使い分けていた。前者は蒸気機関車が引く列車を、後者は道路に敷かれた線路の上を走る路面電車を意味する。

当時の東京では、後の市電や都電に受け継がれる路線網が私鉄会社によってできていたのに対して、国有鉄道で電化されていたのは現在の中央線の一部区間（昌平橋―中野間）だけだった。明治の人々にとって、専用軌道を走る電車というのはなじみがなかったのだ。

だが昭和初期になると、国有鉄道、私鉄を問わず、東京の鉄道網は現在とほぼ変わらないほど確立され、ほとんどが電化されていた。その一方で、地方の国有鉄道は非電化の区

関東大震災から約１年、東京市電の亀沢町停留場付近を1471形（ホヘサ形）電車が走る=1924年、東京府東京市本所区亀沢町１丁目（現・東京都墨田区緑１丁目）

間が大半を占め、特急や急行を含めて汽車がまだまだ活躍していた。

一九二五（大正一四）年に上京し、三七（昭和一二）年に死去した中原中也の詩や書簡などにも、「汽車」と「電車」がよく出てくる。汽車が漱石と同じ意味で使われるのに対して、電車は架線付きの専用軌道を走る電車にほぼ限定して使われ、路面電車は「市電」に変わっている。

鎌倉で亡くなる直前に書かれた未発表の無題の詩には、「汽車が速いのはよろしい、許す！」で始まる第三連のあとに「エエイッ、うるさいではないか電車自働車と、／ガタガタガタガタ、朝から晩まで。／いつそ音のせぬのを発明せい、／音はどうも、やりきれぬぞ」という第四連が続いている。この汽車と電車の対比は興味深い。

山口出身の中也にとって、汽車とは主に東海道本線や山陽本線の特急や急行だったに違いない。生まれてすぐにいったん山口を離れ、大連から軍医だった父の任地、旅順まで終列車に乗って以来、汽車はなじみ深いものであり、蒸気機関車のドラフト音はうるさくなかったのだろう。しかし故郷にはなかった電車の音には、どうしてもなじめなかったのではないか。

中也が最晩年を過ごした鎌倉の寿福寺は、横須賀線の北鎌倉─鎌倉間の線路に近かった。当時の同線は平日朝が上下各一五分おき、それ以外は三〇分おきに電車が走り、葉山御用邸に向かう天皇を乗せた列車が走ることもあった。「ガタガタガタガタ、朝から晩まで」というのは、まさに中也の実感だったのだ。最後に鎌倉から山口に帰ろうとしたのも、電車の音から逃れるためではなかったか。

夜行列車と中也の観察眼

一九三四（昭和九）年一二月に静岡県の丹那トンネルが開通するまで、東海道本線は現在の御殿場線を経由し、箱根の外輪山の北側を迂回するルートがとられていた。急行列車は神奈川県の西端に当たる山北で補助機関車を連結し、急勾配を上りきった御殿場で切り離した。御殿場を過ぎると一転して下りになり、沼津へと向かった。

三三年三月一六日に東京外国語学校専修科を修了した中原中也は、その二日後、学校で知り合った男と一緒に東京から夜行列車に乗った。奈良を経由して山口に帰省するためだった。乗った列車は明らかでないが、当時のダイヤから察するに神戸ゆきか下関ゆきの急行と思われる。

中也らが乗った三等車は満員で、網棚もトランクや土産物で一杯だった。天井には白熱灯が明々と灯《とも》り、ボックス席の背もたれを縁取るニスの光沢に反射していた。

列車が山北に停《と》まり、急勾配を越えようとするころには、乗客の三分の二が手ぬぐいを顔にかけたり、外套《がいとう》をかぶったりして眠っていた。同じボックス席の向かい側に座る連れの男も、中也のすぐ隣に座る「ばかに肥つた男」（「三等車の中〈スケッチ〉」、『新編中原中也全集』第四巻所収）もそうだった。

しかし中也はまだ起きていた。通路を隔てたボックス席には、二人の女性が対面して座っていた。その一人は胸をはだけ、赤ん坊に乳を飲ませていた。「その赤ン坊が五分置きくらゐには目を覚まして泣きはじめる。そのたびにレールの軋音《あつおん》は肉声に消され、電燈はひときは明るくなるやうに思はれる」（同）

丹那トンネルに入る下り公式試運転列車。最後尾に電気機関車が連結されている=1934年

もう一人は先生だった。中也は彼女の外見を注意深く観察している。「銘仙の袷《あわせ》に金《きん》紗《しゃ》の羽織を着、兎《うさぎ》の毛で縁を

とつたオールドローズの繻子《しゅす》の肩掛に寒々とくるまり、海老茶の袴《はかま》を胸高く穿《は》いてゐる。鼻翼《こばな》の所はおしろいが剝落《はげ》ちてゐて、一寸《ちょっと》突いたらビリビリと破けさうな感じがする」（同）

先生は赤ん坊が泣き出すたびに目を覚まし、赤ん坊をあやしていた。その様子を見ているうち、中也は彼女に同情したくなった。

「それにしても我が国婦人の服装たるやなんと脆《もろ》い感じのするものだらう。実に神経を使はなくては、何時《いつ》も綺麗《きれい》でキチンとしてゐるとはいくまい〔。〕婦人の和服といふものは、段々改良されてはゆくのであらうか、なぞとそのうち僕は考へ始めたものである」（同）

車内に居合わせた女性客の多くは和服だったろう。彼女らも夜行列車に乗れば、服の乱れなど気づかぬまま眠りに落ちる。中也はこう結んでいる。「かうしていぎたなく眠つてゐる人間といふものは、思へば滑稽なものではないか」（同）

谷崎潤一郎が提案する普通列車の旅

関東大震災のあとに兵庫県武庫郡精道村《せいどう》（現・芦屋市）に移住した谷崎潤一郎は、東海道本線で東京―大阪間を往復することが多かった。東京から帰る際によく利用したのは、特急でも急行でもなく、37列車という夜行の普通だった（「旅のいろいろ」、『陰翳礼讃』所収）。

37列車は一九三四（昭和九）年一二月の丹那トンネル開通に伴うダイヤ改定とともに登場した列車で、東京を午後11時20分に出て、大阪に翌日の午前11時45分に着く。その直前の午後11時に東京を出る下関ゆきの急行は、大阪に午前10時34分に着く。所要時間がそれほど違わないのは、37列車が普通と称しながら、途中の小田原―浜松間と大府《おおぶ》―大阪間で停車駅が少なくなるからだった。

しかし急行が混んでいるのに対して、37列車はいつも空いていた。特に谷崎が愛用していた二等寝台車は、間際に買っても売り切れていたことがなかった。普通は急行よりも停車駅が多く時間がかかるという先入観が、彼にとっては幸いしたのだ。

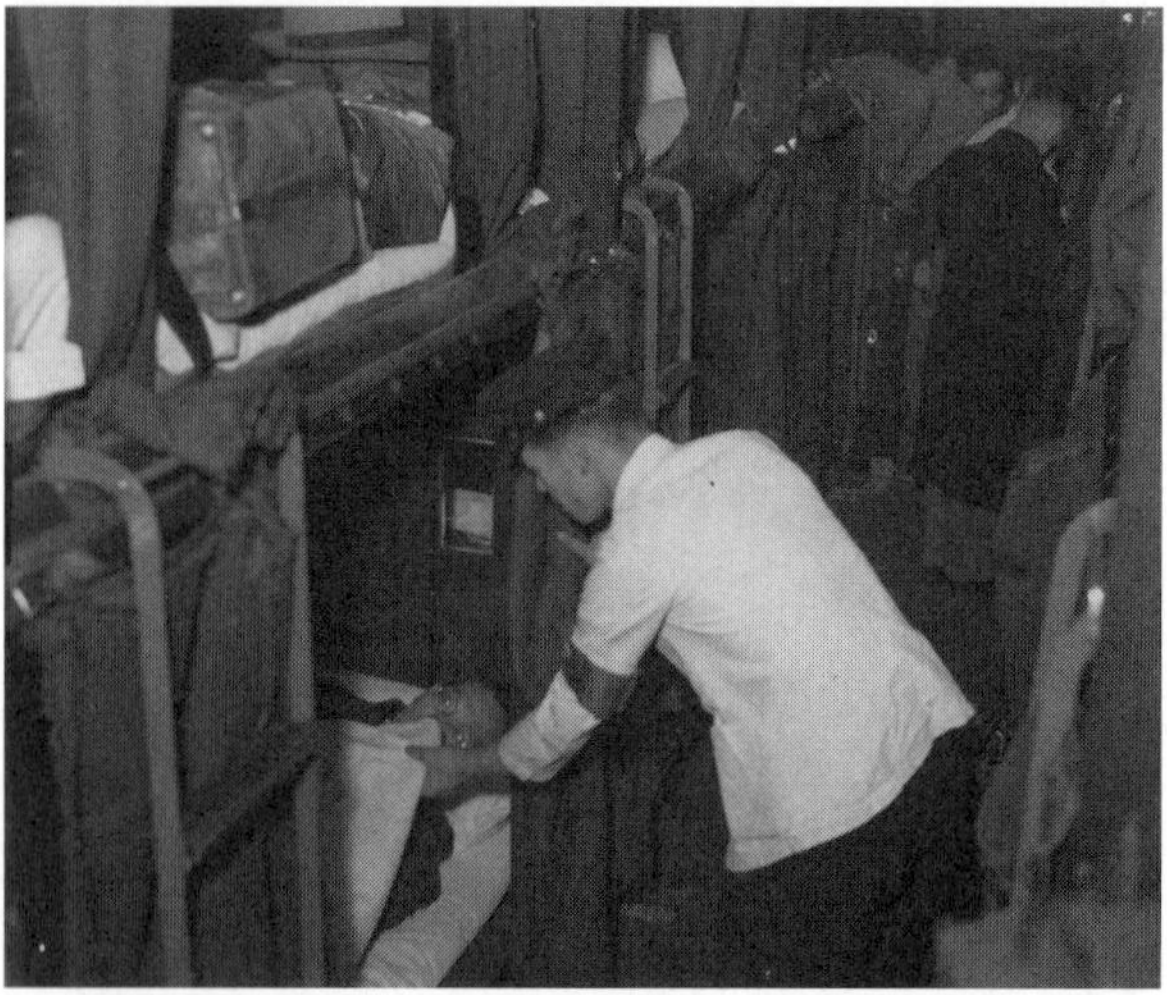

戦争末期に廃止されてから５年ぶりに東京—大阪間の夜行急行に復活したマロネ38形二等寝台車=1949年、大阪市北区梅田の国鉄大阪駅

37列車は名古屋に午前7時54分に着く。谷崎が目を覚ますのは、たいていこのあたりだった。もう二等車に乗ってくる客はほぼいない。彼は座席を一人占領し、足を伸ばして車窓に目をやった。

「東海道を下って来て、汽車の窓から見たところでは、名古屋までは家の建て方や自然の風物に東京の匂《にお》いがするけれども、名古屋を越すとそれが全く跡を絶って、はっきり関西の勢力圏内へ這入《はい》ったことを感ずる。で、寝台車の中で一と夜ぐっすりと熟睡した後に、ぱっと眼《め》を覚ますともう窓の外がすっかり関西の景色になっている。その朝の気持ちが何と

もいえない」（同）

大垣で濃尾平野が尽き、急勾配を上って関ケ原を過ぎるあたりでは、柿の木の多い村落や農家の白壁が見えてくる。彦根では城の天守閣が現れ、安土ではかつて城が築かれた地勢もとらえられる。谷崎は名古屋でボーイに買わせておいた新聞も投げ出して、見慣れたはずの車窓風景を飽きもせずに眺め続けた。特急や急行よりもゆっくり走るから、景色を見るにはかえって都合がよかった。

「私は思うのであるが、短時間に出来るだけ遠ッ走りをするスピード旅行の逆を行って、狭い範囲を出来るだけ長くかかって見て廻《まわ》る旅のしかたを、少し奨励してみたらどうか」（同）

谷崎がこう提案してから八〇年あまりが経つ。この間に日本の鉄道はひたすらスピードアップを図ってきた。全国に新幹線が開通し、リニア中央新幹線の建設も進む一方、ＳＬや夜行列車はほぼ全廃された。移動している車内の時間を短くすることこそ究極のサービスだとする価値観自体、揺らぐことはなかった。

宮本常一が嘆いた温泉客のふるまい

「旅する巨人」として知られる民俗学者の宮本常一《つねいち》は、全国の町や村を訪ね歩き、そこに暮らす人々との対話を重ねた。一九三九（昭和一四）年一一月一八日から二〇日にかけては、日本海に面した島根半島の片句《かたく》という集落に滞在し、「山本先生」と呼ばれる地元の名士から数々の話を聞いている。その成果は後に、『出雲八束《やつか》郡片句浦民俗聞書』と題して刊行された。

一一月二〇日早朝、宮本は片句から二つ隣の集落の江角《えすみ》（現・恵曇《えとも》）まで歩き、午前7時発の松江ゆきのバスに乗った。当時は片句も江角も八束郡恵曇村にあったが、いまではどちらも松江市に編入されている。恵曇から松江駅までのバスの所要時間は、現在の時刻表によれば三五分前後である。

松江からは島根県の江津《ごうつ》に向かうべく、山陰本線の下り列車に乗った。宮本は「松江で大社行きの汽車に乗って、今市で乗り換え江津へ向う」（「土と共に」、『宮本常一著作集』第二五巻所収）としか記していないが、翌四〇年の時刻表によれば、宮本が乗った列車は松江午前8時29分発の普通大社ゆきだったと思われる。この列車は大社線に入る出雲今市（現・出雲市）に9時19分に着き、9時26分発の山陰本線下り普通小郡（現・新山口）ゆきに接続している。

東京都国分寺市の武蔵国分寺跡を訪れた民俗学者・宮本常一

松江を出た列車は、宍道《しんじ》湖の南岸を沿うようにして進み、湯町（現・玉造温泉）に午前8時40分ごろに着いた。山陰屈指の名湯、玉造温泉の最寄り駅である。車内で異変が起こったのはここからだった。

「玉造から温泉客が乗る。この人たちは前夜の宿でのことを面白そうに喋《しゃべ》っている。女の品定め、女をからかったこと、騒いだこと、失敗したこと、全く傍若無人である。（中略）湖のかなた島根半島の山々を車窓から眺めつつその向う側に住んでいる心やさしくあたたかな人々のことを回想している時、こうした話を高声に語られるのはじつに淋しかった」（同）

それだけではなかった。宮本の周囲にいた七、八人の乗客は骨董《こっとう》商のようで、中国地方を回っては偽物を高く売りつける話までしている。「このような人生があの平和なあたたかな村へもくい入って行く日がありはしな〔い〕だろうか」（同）という一文には、出雲今市に着くまでの四〇分間につのった宮本のやるせなさが凝縮されている。

当時はすでに日中戦争が勃発し、国家総動員法が制定されるなど、総力戦体制が確立されつつあった。それとともに、時局にそぐわない遊楽旅行は自粛すべきとされた。宮本の冷静な観察は、そんなときにも国策に従わず、温泉での女遊びを公然と語りあう男たちや、戦争による好景気に便乗して詐欺まがいの商売を続ける男たちがいたことを、まざまざと浮かび上がらせている。

山口誓子と靖国への臨時列車

日中戦争から太平洋戦争に至る時期、靖国神社では毎年四月と一〇月に戦死した将兵を祭神に合祀する臨時大祭が行われた。これに合わせて全国から遺族が選ばれ、臨時大祭に列席した。彼らは鉄道省が交付する無賃乗車証をもち、遺族専用臨時列車に乗って続々と上京した。

一九四三（昭和一八）年四月二二日から始まった臨時大祭では、約四万人の遺族が列席した。このうち三重県の遺族は、東海道本線、関西本線、参宮線を経由して東京と鳥羽の間を結ぶ臨時列車を往復ともに利用している。

彼らは参宮線の終着駅である鳥羽を四月一八日の18時27分に出る臨時列車に県内の駅から乗り、東京に翌朝の5時51分に着いている。そして臨時大祭が終わると、東京を二八日の22時25分に出る鳥羽ゆきの臨時列車に乗っている。以上の時刻は、四三年四月一日の朝日新聞の記事から判明する。

東京駅のホームで遺族を見送る靖国神社臨時大祭委員長の土肥原賢二・陸軍大将=1943年10月20日

　どちらの臨時列車も、東京と鳥羽の間を結ぶ定期列車の直前に運転されている。この定期列車は、三重県内は主要駅だけに停まる。ということは、臨時列車もそうだった可能性が高い。停まらない駅に帰る遺族は、二九日の6時前に到着したと見られる名古屋で、臨時列車から定期の普通列車に乗り換えたに違いない。なぜなら名古屋は、三重県内を通る関西本線の始発駅だからだ。当時のダイヤを見ると、名古屋を6時25分に出る湊町（現・JR難波）ゆきの普通列車がある。

　普通列車は長島から三重県に入り、7時11分ごろに富田《とみだ》に着いた。この駅から、地元在住の俳人、山口誓子《せいし》が乗ってきた。松尾芭蕉の出身地である伊賀上野を、俳人仲間とともに訪ねるためだった。

「私達の乗つた二等車には、靖国神社の大祭に参列して帰つて来た遺族が乗つてゐた。息子を失くした母親達の顔にも、外から見ては、悲しみの片影だもなく、たゞお互ひが郷土を同じうしてゐるといふ親しさの為めに一種の和やかな空気がそこに漂つてゐた。その和やかさが私には却《かえ》つて悲しく思はれた」(「伊賀上野」、『山口誓子全集』第十巻所収)

河原田、加佐登《かさど》、井田川と普通列車が駅に停まるたびに、彼女らは一人、また一人と降りていった。

「中に、磨かれたやうに美しく年をとつた婦人がゐて、私は屢々《しばしば》そのひとの方へ眼を遣《や》り、そのひとのしづかに話す艶《つや》のある声を聞いたりなどしてゐたが、そのひとも傍の人々に『来年又お目にかゝります』と云《い》つて、どこかの駅に降りて行つた」(同)

誓子が目を奪われた女性の言葉には、来年もまた遺族として臨時大祭に参列する覚悟のようなものがうかがえる。その心の奥に隠された悲しみを見逃さない俳人の観察眼にうならされた。

シベリアから帰還した詩人が見た光景

一九五三（昭和二八）年一二月四日の19時47分、国鉄舞鶴線の東舞鶴駅を発車した臨時列車に、シベリアからの帰国者が乗っていた。そのなかに詩人の石原吉郎がいた。

彼らは、一一月二九日に日本海沿岸のナホトカを出港した興安丸に乗船し、一日に舞鶴港に着いた。舞鶴で石原は、「吸いこまれるばかりの海の紺、松の緑」（「強制された日常から」、『望郷と海』所収）を見た。二日に軍務が解かれたことで、石原にとっての戦争がついに終わった。

四五年一二月にハルビンから貨車に乗せられ、捕虜としてソ連に運ばれて以来、石原は八年間にわたり、鉄道で主にシベリア各地の収容所を転々とさせられた。舞鶴から列車で東京に向かうことは、敗戦直後から続いた鉄道による移動もまたようやく終わることを意味していた。

臨時列車は、舞鶴線、山陰本線を経由して京都に着き、京都からは東海道本線に入った。

弟一家に迎えられてくつろぐ石原吉郎（中央）=1953年12月5日

「ストルイピンカ」と呼ばれたソ連の囚人輸送用の貨車とは異なり、列車には大きな窓があった。静岡あたりで夜が明けたので、車窓からは富士山が見えたはずだ。だがそうした風景は、舞鶴で海や松を見たときと同様、「ただ呆然《ぼうぜん》と私たちの視野を通過しただけであった」。石原はまだ「私の周囲をまぶしく流れている時間」に適応できなかったのだ（同）。

五日の10時10分、臨時列車は品川駅に着いた。9番線に入ると、万歳の歓声や身内の名を呼ぶ声でホームがどよめいた。石原は「私が想像していた位置に、品川駅があった」と思った（同）。

しかし品川で降りて銀座を歩いてみると、東京の変貌ぶりは想像を超えていた。

帰国直後の記事には「ああ　あんまり自由すぎる　あんまり人間らしすぎる　あんまり感情が豊富すぎる」という石原の詩が引かれている（「朝日新聞」一二月六日東京版）。

それから数日後のことだった。石原は東京駅で始発電車に乗ろうとすると、うしろから突きとばされ、乗客たちが体をぶつけあうようにして座ってしまった。七四年一月二一日にはこのときの記憶がまざまざとよみがえり、「私はもうこんなことをしないですむところへ帰って来たはずだった」（傍点原文。「日記　2（一九七四年）」、『海を流れる河』所収）と日記に書いている。

背景には、ストルイピンカで移動中に石原自身が体験した、囚人どうしによる生き残るための熾烈《しれつ》な競争があったのではないか。日本に戻れば、もうあんな世界とは無縁になるはずだった。だが実際はそうではなかったことを痛感させられたのだ。

石原はしばらく電車に乗れなくなった。「あんまり自由すぎる」と感じた東京の第一印象は、シベリアでの体験と重なる鉄道によって、あっさりと覆された。

夜行と四分間のトリック

現在、東京から名古屋に行く最終の東海道新幹線は、東京22時3分発の「ひかり669号」だ。二〇二〇年三月までは、最終の「ひかり」は22時発だった。さらに〇三（平成一五）年までは、22時発の名古屋ゆきは「のぞみ」だった。いずれにせよこれを逃すと、静岡ゆきと三島ゆきの「こだま」しかなかった。

それでも名古屋に早く行きたい場合、次に考えるのは東海道本線の夜行だろう。だが二〇〇年三月に東京23時10分発の大垣ゆき臨時快速「ムーンライトながら」の運転が終了してからは、名古屋に停まる夜行列車が一本もなくなってしまった。

では夜行バスはどうか。東京駅鍛冶《かじ》橋駐車場で22時20分発の「東名特急ニュースター号」に乗ると、名古屋駅に翌朝の5時10分に着く。ただし二一年七月現在、このバスが東京駅鍛冶橋駐車場を出るのは土日と祝日に限られている。

〇五年までは、東京22時発の「のぞみ」ないし「ひかり」に乗れなくても、もっと早く

大垣駅に到着した夜行快速「ムーンライトながら」=2007年、岐阜県大垣市

名古屋に着ける方法があった。そのルートは意表をつくものだった。

まず東京22時4分発の長野（現・北陸）新幹線の最終「あさま533号」に乗る。この列車は終点の長野に23時44分ないし48分に着くので、長野を23時56分に出る夜行の大阪ゆき急行「ちくま」に乗り継げる。そうすると、名古屋に翌朝5時ちょうどに着ける。

この方法が使える条件は、きわめて厳しかった。もし22時よりも早く東京駅に着ければ、最終の「のぞみ」か「ひかり」に間に合う。逆に22時4分よりも遅く東京駅に着けば、最終の「あさま」に間に合わない。22時から22時4分までの四分間に限って使えるトリックだったのだ。

四分間のトリックで思い出すのは、松本清張の小説『点と線』である。横須賀線の電車が発着する東京駅の13番線ホームから、東海道本線の長距離列車が発着する15番線に停まっている博多行きの寝台特急「あさかぜ」を見通せるのは、17時57分から18時1分までの四分間しかない。これは小説が雑誌『旅』に連載された最中に当たる一九五七（昭和三二）年のダイヤに基づいていた。

後に心中したかのように装わされる一組の男女が「あさかぜ」に乗り込む場面を、犯人が第三者に見せるためには、この四分間に犯人が第三者を13番線に連れて行かなければならなかった。

だが五八年のダイヤ改正で、四分間のトリックは成り立たなくなった。「ちくま」は〇三年に臨時列車となり、〇五年に廃止されたため、もう一つのトリックも成り立たなくなった。同年には「あさかぜ」も廃止されている。いま定期の夜行列車として残っているのは、東京と高松・出雲市を結ぶ特急「サンライズ瀬戸・出雲」だけだ。

松本清張と大西巨人が描いた九州

前項で触れたように、一九五七（昭和三二）年から五八年にかけて『旅』に連載された松本清張の小説『点と線』には、東京18時30分発、博多翌11時55分着の寝台特急「あさかぜ」が出てくる。この列車に、一組の男女が東京駅から乗り込んだ。

後日、この男女が情死体となって福岡県の香椎海岸で発見される。香椎は博多より三駅手前（当時）の鹿児島本線の駅である。清張は「この駅をおりて山の方に行くと、もとの官幣大社香椎宮、海の方に行くと博多湾を見わたす海岸に出る」と記している。

香椎宮には、仲哀《ちゅうあい》天皇と神功皇后がまつられている。記紀によれば、ここは仲哀天皇が急死し、神功皇后がその神霊をまつった場所であり、神功皇后の朝鮮半島出兵（三韓征伐）の拠点となった場所とされている。

だが清張は、福岡県で育ちながら、記紀を全く信用していなかった。古代史の研究をまとめた『古代史疑』や『空白の世紀　清張通史2』では、邪馬台国や卑弥呼に対する関心

1956年から2005年にかけて活躍した寝台特急「あさかぜ」
=04年11月、JR東京駅

をあらわにする一方、「仲哀は架空の天皇とされている。神功皇后も架空の女性である」と切り捨てている。清張にとっての九州とは邪馬台国の地にほかならず、香椎という場所自体には思い入れをもたなかったのだ。

同じ福岡県出身の作家として、清張も高く評価していた大西巨人がいる。大西の小説では、福岡や博多が「鏡山」と表記される。九五（平成七）年刊の小説『迷宮』には「鏡山市往反」という章があり、主人公が東海道・山陽新幹線の東京—鏡山間を走る「ひかり」で往復している。

二〇〇四年刊の小説『深淵《しんえん》』でも主人公が同じ区間で新幹線に乗って

いる。主人公が記憶を失い、別名で暮らしていた佐賀県唐津市は「松浦県宝満市《ほうまん》」とされ、鏡山で福岡市営地下鉄空港線とＪＲ筑肥線の博多—唐津間に当たる「ＪＲ鏡松線」に乗り換え、宝満に向かう。東京7時15分発、鏡山13時44分着、14時発で宝満着は15時5分だった。

鉄道を重視し、ダイヤまで正確に記すのは清張と変わらない。しかしなぜ清張と異なり、大西は九州の地名を変えるのか。実は鏡山も宝満も神功皇后と関係がある。鏡山という山（丘）は唐津市と福岡県田川郡香春《かわら》町にあり、共に神功皇后が三韓征伐の途上、必勝を祈って鏡を奉納した伝説が残っている。また福岡県太宰府市と筑紫野市にまたがる宝満山にも、神功皇后の出産に際して産湯を沸かす竈《かまど》をつくった伝説が残っている。

大西は神功皇后を意識し、九州を「皇后の島」として描いているように見える。『魏志倭人伝』に記された邪馬台国を持ち上げることで天皇制イデオロギーを無化しようとした清張に対して、大西は九州に点在する民間伝承にあえて依拠しつつ、現実の天皇制に対峙《たいじ》しようとしたのではなかったか。

加藤典洋と上野地上ホーム

線路が行き止まりになっていて、周りをホームが櫛形《くしがた》に取り囲んでいる駅は、「頭端《とうたん》式《しき》」と呼ばれる。一方、ターミナルでもホームが線路に並行してつくられた駅は、「通過式」と呼ばれる。

西洋の大都市には頭端式の駅が多いが、日本には私鉄のターミナルを除いてあまりない。新幹線やJR中央線などが起点としている東京駅も、ホームが櫛形になっていないため頭端式とはいえない。

代表的な頭端式の駅として思い浮かぶのは、上野駅だろう。ただ1番線から9番線までの高架ホームは通過式で、改札と地続きの頭端式になっているのは13番線から17番線までの地上ホームだけだ。

一口に上野駅と言っても、高架と地上ではホームに降りたときの印象が全く異なる。例えば高崎や宇都宮から乗った電車が熱海ゆきの場合、上野には7番線か8番線に到着する。

ふるさとから戻った人たちでにぎわう上野駅
=1982年1月

そこからはJR山手線や京浜東北線のホームが眺められ、東京駅と一見よく似た風景が広がっている。

だが、その電車が上野止まりの場合には、たいてい14番線から16番線までの間に着くはずだ。ここから首都圏を走る電車の姿は見えない。頭端式のホームには、終着駅独特の空気が漂っている。

上野駅は、一九二五（大正一四）年に山手線の環状運転が始まったときから高架ホームと地上ホームを兼ね備えた駅になった。当初は高架ホームに近距離の電車が、地上ホームに遠距離の列車が発着するよう分かれていたが、その後のホームの増設により、高架ホームにも遠距離の列車が発着するようになった。

文芸評論家の加藤典洋《のりひろ》は、山形市立第一中学校の修学旅行で初めて上京した。三年生のときだったから、六二（昭和三七）年と思われる。

当時の時刻表によれば、加藤が乗ったのは山形22時49分発、上野翌朝5時46分着の夜行急行「男鹿」だったに違いない。着いたのは16番線の地上ホーム。「電車の架線が空をめぐる早朝の光景」（「上野の想像力」、『もうすぐやってくる尊皇攘夷《じょうい》思想のために』所収）は、東京の第一印象として加藤の脳裏に刻み込まれた。

頭端式のホームなので、ホームの端までみな一列になって歩く。それは加藤をして、「ふるふると河の中で揺れる蛙《かえる》の卵のつらなりのなか、そのうちの一個が自分だという不思議な感じ」（同）を抱かせたという。

初の上京から半世紀あまりがたち、加藤は自宅から再び上野駅に向かい、16番線で同じことを繰り返してみた。山形から乗った列車が高架ホームでなく、地上ホームに着いたことで、どの駅とも異なる上野駅の記憶が形作られたのだ。そのホームに東北から夜行列車が到着することは、もう二度とない。

小松左京が予言した二〇二〇年の東京

一九六四（昭和三九）年一〇月一日、東海道新幹線の東京―新大阪間が開業した。一〇月一〇日から始まる東京オリンピックに合わせての開業だった。この二つは、今日では戦後の高度成長を象徴する出来事として語られることが多い。

しかし当時の東京の通勤輸送は想像を絶するひどさだった。例えば中央線はラッシュ時に二分間隔で運転されていたが、午前八時から八時三〇分までの混雑度は三二二％に達した（「朝日新聞」六四年一二月一一日）。定員一四四人の車両に四六〇人以上が乗っていたわけだ。電車のガラスが割れることも珍しくなく、六四年には首都圏の国鉄で合わせて一〇五人が負傷している（同六五年四月一三日夕刊）。

光と影が混在していた六四年八月の東京で、一冊のＳＦ小説が刊行された。小松左京の『復活の日』である。

この小説では、一九六Ｘ年五月の東京のラッシュ時での異変が描かれている。その異変

通勤客で混雑する朝の新宿駅中央快速線上りホーム=1964年10月７日

とは、東京都や国鉄の混雑緩和の努力がみのったわけでもないのに、車内が空いてきたことを指す。

「五月の朝の七時半から八時の間に、渋谷、新宿、池袋、秋葉原、東京、有楽町の各駅のどのプラットホームでも雑沓《ざっとう》と押しあわずにゆうゆう乗降できるなどということが、考えられるだろうか？　八時半になればもうぼつぼつ、上り電車の車内で腰をかけることができるようになるというような事態を、三か月前に誰が想像できただろうか？」

　なぜ空いてきたのかといえば、「チベットかぜ」と呼ばれる世界的に流行する謎の感染症が日本でも急に広がり、たった二カ月で三千万人が罹患《りかん》したからだ。

「車内をちょっと見わたせば、花びらのように白いマスクが点々と見え、人々はあらためて、このガサガサにすいたラッシュの上り電車の中で、隙間風の吹くようなうそ寒い感じにおそわれるのだった。――そして、そのとたんに、その背筋を走る悪寒が、あのいまわしい〝チベットかぜ〟に感染した兆候ではないかと思って、ギョッとする。誰かが熱っぽいうるんだ眼《め》をしており、誰かがはげしい咳《せき》をすれば、人々はうす気味わるそうに、横をむき、身をひく」

この光景を一九六X年五月ではなく、新型コロナウイルスの感染拡大に伴い初めて緊急事態宣言が出され、混雑が緩和された二〇二〇年五月の東京の「ラッシュ時の上り電車」の車内風景だと偽っても、誰も怪しまないだろう。既視感に満ちた細かな描写には、ただただ驚くほかない。

小松左京はオリンピックが開催された六四年に、今日の東京を予言していた。罹患者数などを除いて予言は的中し、二度目のオリンピックは延期されたが、さらなる感染拡大が進むなか、二一年七月に開催が強行された。『復活の日』は、令和の災いを描き出す黙示録となったのだ。

武田百合子が見た河口湖駅

ふだんはそれほどでもないのに、行楽シーズンになると多くの客でにぎわう駅がある。富士山や富士五湖などへの玄関駅に当たる富士急行線の終点、河口湖も、そんな駅の一つだろう。

一九六七（昭和四二）年七月二二日。この日は多くの学校が夏休みに入って最初の土曜日で、河口湖駅はごった返していた。その様子を冷静に観察していた女性がいる。武田泰淳の妻で、富士山麓《さんろく》の別荘に泰淳とともに滞在していた武田百合子である。

百合子の移動手段はもっぱら車で、鉄道を使うことはほぼなかったが、河口湖駅に立ち寄ることはよくあった。泰淳の原稿を列車で東京に送っていたからだ。電子メールもファクスもない時代、原稿をいち早く出版社に送るには、列車に併結された郵便車を利用するしかなかった。

だが、どの列車にも郵便車が併結されていたわけではない。六六年九月二一日の日記で、

国鉄名古屋駅で郵便車（スユ15）に積み込まれる郵袋=1983年

百合子はその列車が一日に三本あったと記している（『富士日記』）。六七年七月二二日に百合子が車で河口湖駅に向かったのは、そのうちの二本目に当たる10時57分発の列車に原稿を乗せようと考えたためだった。そうすれば、終点の大月で郵便車を併結した中央本線の上り急行「第2アルプス」に接続し、新宿には13時25分に着ける。

　河口湖駅の待合室に座っていると、さまざまな客の姿が目に入った。「元気でいるのが一番。元気でいれば死なない。若くても死ぬのは元気がないからだ」「命の母という薬、あれがとてもよく効く」と話し込む地元の女性二人。「富士山に登るが、八合《はちごう》五《ご》勺《しゃく》の小屋で御来迎

〔光〕を拝むには、どういう時間に登ったらいいか」と駅員に訊《き》く老年男性。「団体旅行のクーポン券を持っているが、座席指定券を買わないと坐《すわ》れないか」と訊く若い男性……(同)。

改札口が開くと、待合室の客がいっせいに動き出した。これから海水浴に行く地元客もいれば、東京に帰る登山客もいる。そのうちの一人に百合子の目がとまった。

「改札を先に入ってしまった男が、待合室の方へ向って『裁判長、裁判長』と大声で叫んでいる。私の向い側に腰かけていた、湯川〔秀樹〕博士のような大頭にパナマをかぶり、扇子を使っていた紳士風の人と中年の会社員風の男が立ち上って改札へ入る列に並んだ。登山杖など持っている。パナマの方が裁判長らしかった。裁判長も富士山へ登ったのだ」(同)

別荘にこもり、車で移動していた百合子にとって、河口湖駅は不特定多数の人々と出会える唯一の公共空間にほかならなかった。その類いまれな観察眼は、たまたま数分間居合わせた一人ひとりの人生の断面までも、鮮やかに照らし出している。

第四章

事件は沿線で起こる

「敗戦後」を予言した庶民

一九〇八（明治四一）年に発表された夏目漱石の小説『三四郎』は、小川三四郎が大学に入学するため、九州から鉄道で上京する場面から始まる。国有化されて間もない山陽線や神戸で同線に接続する東海道線を乗り継ぎ、名古屋で一泊した翌日の列車のなかで、三四郎は「髭《ひげ》の男」に出会う。第一高等学校の広田先生である。

「こんな顔をして、こんなに弱っていては、いくら日露戦争に勝って、一等国になっても駄目ですね」と言ってにやにや笑う広田を、三四郎は「どうも日本人じゃない様な気がする」と感じ、「然《しか》しこれからは日本も段々発展するでしょう」と弁護した。すると広田はすました顔で、「亡《ほろ》びるね」と言った。三四郎は、車内で公然と日本の滅亡を予言する人間に出会い、慄然《りつぜん》とさせられたのだ。

もちろんこれはフィクションだが、実際に列車に乗り合わせた客たちの会話を耳にして似たような衝撃を受けたのが、三二（昭和七）年五月に起こった五・一五事件に関与する

五・一五事件の民間人被告を裁く刑事裁判で、変電所を襲った被告たちの所属する愛郷塾（塾長・橘孝三郎）を判事や検事らが実地検証した=1933年

ことになる思想家の橘孝三郎である。

事件が起こる前、橘は車内で「純朴その物な村の年寄りの一団」と乗り合わせた。具体的な線名は記されていないが、橘は水戸郊外で私塾を営んでいたから、常磐線だった可能性が高い。彼らは以下のような話をしていたという（『日本愛国革新本義』）。

——どうせなついでに早く日米戦争でもおつぱじまればいいのに。

——ほんとにさうだ。さうすりあ一景気来るかも知らんからな、所でどうだいこんな有様で勝てると思ふかよ。何しろアメリカは大きいぞ。

——いやそりやどうかわからん。

しかし日本の軍隊はなんちゆても強いからのう。

――そりや世界一にきまつてる。しかし、兵隊は世界一強いにしても、第一軍資金がつゞくまい。(中略)

――うむ、そりやさうだ。だが、どうせまけたつて構つたものぢやねえ、一戦争のるかそるかやつつけることだ。勝てば勿論こつちのものだ、思ふ存分金をひつたくる、まけたつてアメリカならそんなにひどいこともやるまい、かへつてアメリカの属国になりや楽になるかも知れんぞ。

昭和初期の車内でこうした会話が公然と交わされたこと自体、驚愕《きょうがく》させられる。会話を聞いた橘は、「皇国日本の為《た》め心中、泣きに泣かざるを得なかつた」と記している。五・一五事件にかかわってゆく心境の一端がうかがえるとはいえないだろうか。

注目すべきは、日米戦争の可能性を語り、敗戦後の日本まで予言していたのが、広田や橘のような知識人ではなかったことだ。実際の歴史は、「純朴その物な村の年寄りの一団」の見方が、必ずしも間違ってはいなかったことを証明している。

車内で発症、後藤新平の覚悟

一九二九（昭和四）年四月三日午後9時25分、東京駅を出発した下関ゆきの急行列車に、元満鉄総裁の後藤新平が乗っていた。東京と下関を結ぶ東海道・山陽本線は、大陸につながる交通の大動脈だった。後藤は日本性病予防協会の総会に出席するため、岡山に向かおうとしていた。

翌朝の午前7時過ぎ、列車は米原付近を走っていた。一等寝台のコンパートメントから起き上がった後藤が、着替えて窓際に出ようとしたとき、突然その上体が後ろによろめいた。口からは泡があふれ、呼び起こそうとしても意識がない。明らかに脳溢血《いっけつ》とわかる症状だった。

容体の急変を聞いて、たまたま同乗していた元海軍大臣の財部《たからべ》彪《たけし》が駆けつけた。とにかく医者に診てもらわなければならない。しかし列車は、午前8時35分着の大津まで停まらなかった。その一二分後の午前8時47分には、大津よりも都市の規模が大きい京都に着く

山陰本線桃観トンネルの工事現場を視察した後藤新平・鉄道院総裁（前列中央）=1910年、兵庫県大庭村久谷（現・新温泉町久谷）

こともわかっていた。

一刻も早く後藤を列車から降ろすなら、次の大津で降ろすべきだろう。絶対安静を必要とする緊迫した状況を考慮すれば、車内で揺られる時間を少しでも短くするに越したことはない。

だがさらに一二分我慢すれば、大津より病院が多く、より完全な治療が期待できる京都に着く。時間をとるか、完全な治療をとるか。結局後者が優先され、後藤は京都まで乗り続けることになった。

列車が京都に着くと、医学博士の松浦武雄がすぐ乗り込んできた。直ちに数回強心剤を注射したが、なかなか脈拍に反応がない。列車は発車の予定時刻を過ぎ、停車して二〇分になるころ、ようやく反応が現れはじめた。

危機を脱したと判断した松浦は後藤を降ろすことに決めたが、安静を保ったまま運び出すには、寝台車の通路は狭すぎた。松浦は駅長の許可を得て窓ガラスを破り、ホームに用意した担架に後藤を移すことにした。大音響とともに後藤は車内から降ろされ、京都駅の貴賓室に運ばれた。だが意識が戻ることはなく、京都府立医科大医院に入院したまま四月一三日に死去した。

後藤が脳溢血に襲われたのは、これが三度目だった。自らも医者である後藤は、三度目の脳溢血に襲われれば、もはや最後であることを知っていた。それを熟知しながら急行列車に乗り、岡山に向かったわけだ。

後藤の生涯は鉄道とともにあった。一九〇八（明治四一）年には初代鉄道院総裁となり東海道・山陽本線の線路幅を国際標準軌である一四三五ミリに改めようとした。後藤にとって、東京と下関を結ぶ急行の車内で生涯を事実上終えることは本望であり、それを予期しながら乗ったように見えなくもない。

ハンセン病患者の四〇時間の移動

一九三一（昭和六）年三月二五日未明、東京府北多摩郡東村山村（現・東村山市）の第一区府県立全生《ぜんせい》病院（現・国立療養所多磨全生《ぜんしょう》園）から、八一人のハンセン病患者と数人の職員が、ひそかに徒歩や自動車で西武鉄道の東村山駅に向かった。

彼らは駅に着くと、貨物列車に連結された二両の客車に分乗した。客車のブラインドは閉まったままだった（『愛生園日記』）。

ハンセン病は感染力が弱かったにもかかわらず、明治から戦後にかけて隔離政策が続けられた。それにより、隔離された患者に対する差別や偏見はかえって強まった。多くの患者を列車に乗せていることは、決して知られてはならなかったのだ。

全生病院は、明治末期に開設されたハンセン病患者の公立療養所だった。脱走者があとを絶たなかったことから、院長の光田健輔は離島に患者をまるごと隔離しようとした。その結果として三〇年一一月、瀬戸内海に浮かぶ岡山県の長島に、日本初の国立療養所であ

長島愛生園（左上）と邑久光明園（中央右）がある長島=2018年、
岡山県瀬戸内市

る長島愛生園が開設された。

初代園長となる光田は、患者たちの模範になると見なした八一人を選び、東村山から大阪湾に面した桜島までは鉄道で、桜島から長島までは船で患者を輸送しようとした。東村山―桜島間のダイヤは、光田が鉄道省東京鉄道局の関係者と極秘で打ち合わせて作成された（同）。

貨物列車は東村山を早朝に出発し、中央線との乗換駅である国分寺に着いた。患者たちの乗る客車はいったん貨物列車から切り離され、中央線を走る別の貨物列車に併結された。西武鉄道と中央線は線路幅が同じで線路もつながっていたので、客車がそのまま乗り入れられた。

列車は新宿や品川などで長時間停車したが、午後7時になってようやく品川を出て、東海道本線を大阪に向けて走り出した。

「品川を出てからやっとブラインドをあげて、早春の街の灯を眺めた。昨夜も寝ていないのに、興奮した患者たちは夜どおし起きていた。〔静岡県の〕弁天島にさしかかる前に夜があけた」（同）

しかし、目指す桜島はまだ遠かった。名古屋では三人の患者が乗ってきた。吹田では再び客車が切り離され、別の列車に併結されて大阪から西成線（現・JR大阪環状線および桜島線）に入り、終点の桜島に着いたのは翌二六日の午後7時45分だった。

全生病院を出てから四〇時間かかったことになる。当時はすでに東京―大阪間を八時間二〇分で結ぶ特急「燕《つばめ》」が走っていた。患者たちは一般の列車にすら乗れず、貨物と同じ扱いで運ばれたのだ。それはあたかも、第二次世界大戦中に貨物列車でアウシュヴィッツに運ばれたユダヤ人たちを思い起こさせる。

非常時における定時運行

一九四五（昭和二〇）年四月一三日夜の城北大空襲で自宅を失った作家の吉村昭は、夜明けに日暮里駅で見た光景をこう記している。

「町には一面に轟々《ごうごう》と音を立てて火炎が空高く噴き上げているのに、電車がホームに入りひっそりと発車してゆくのが奇異に思えた。電車は車庫に入っていたが、鉄道関係者は沿線の町々が空襲にさらされているのを承知の上でおそらく定時に運転開始を指示し、運転手もそれにしたがって電車を車庫から出して走らせているのだろう」（『東京の戦争』）

未曽有の事態が起こっているのに鉄道は平常と変わらない。四五年八月一五日の玉音放送を山形県の今泉駅で聞いた作家の宮脇俊三もまた、同様の体験を記している。

「いつもと同じ蒸気機関車が、動輪の間からホームに蒸気を吹きつけながら、何事もなかったかのように進入してきた。機関士も助士も、たしかに乗っていて、いつものように助役からタブレットの輪を受けとっていた。機関士たちは天皇の放送を聞かなかったのだろ

国鉄肥薩線の難所、大畑越えを走るD51形蒸気機関車の運転室。駅で受け取った通票を確認する機関助士（手前）。通票は左手で持っている円形の金属=1969年、熊本県人吉市

うか、あの放送は全国民が聞かねばならなかったはずだが、と私は思った」（『時刻表昭和史』）

たとえどのような重大事が起きようが、いつものように列車が走っている。このことが人心の動揺をおさえ、日常の平安を保つのにどれほどの影響を及ぼしたかは、たやすく想像できる。

だが他方、毎日変わらずに電車が動いていることで、人々はずっと同じ日常が続いていると思い込み、その背後で異変が起こりつつあるという実感をもてない場合もある。四四年三月二四日に記した永井荷風の言葉を引こう。

「凡《およ》そこの度《たび》開戦以来現代民衆の心情ほど解しがたきものはなし。多年従事せし

職業を奪はれて職工に徴集せらるるもさして悲しまず。空襲近しと言はれてもまた驚き騒がず。何事の起り来るとも唯《ただ》その成りゆきに任かせて寸毫《すんごう》の感激をも催すことなし。彼らは唯電車の乗降りに必死となりて先を争ふのみ」（『断腸亭日乗』）

戦況が悪化しているのに、東京では今日も昨日と同じように電車が動き、客はわれ先に乗って席に座ろうとすることにしか関心をもっていない。この危機感のなさにあぜんとしているのだ。

コロナ禍の拡大に伴い政府が緊急事態宣言を出しても、鉄道はほぼ平常通り運行している。四四年三月の東京とは異なり危機感が共有され、リモートワークや大学でのオンライン授業が普及してきたせいか、都市部の乗客は減り、鉄道各社は軒並み減収減益に陥っている。それでも電車がダイヤ通りに動いていることで、失われつつある日常の平安が保たれる意味は小さくない。戦争を体験した文人たちが書き残した文章は、このことを静かに訴えているように見える。

広島の原爆被害と女性駅員

一九四五（昭和二〇）年八月九日、一人の男性が東京15時25分発の東海道本線下り大阪ゆき普通列車に乗った。後に一色次郎の筆名で活躍する鹿児島出身の作家、大屋典一だった。西日本新聞東京支社に勤める大屋は、本社への出張と帰郷のため九州に向かったのだ。

列車は一時間四〇分あまり遅れ、一〇日の朝7時に大阪に着いた。駅の壁も天井もこげて黒くなっていた。大屋は陸軍の将校が読んでいた新聞から、ソ連が日ソ中立条約を破って宣戦布告をしたことを知った。

大阪を13時に出る東海道・山陽本線下り門司ゆき普通列車に乗ると、もんぺをはいた女性が座りながら独り言を言っていた。

「もうまったく全滅どす。それがたった一機や。空襲警報が解除になったあとでいきなり忍んできて爆弾を落としよりました。それが新しい試みの爆弾で一発やのにそれはそれはひどい音おました。いっぺんで沢山の人が死なはりました。（中略）生き残った人たちもひ

被爆後の広島駅。駅職員11人が死亡し、201人が重軽傷を負った。残った職員や救援の人たちの努力で急ピッチで復旧開通した=1945年8月10～11日ごろ撮影

どいもんどす。着てるものから肌の出てるところは、そっくりただれてしまいよります。ズボンから足首が一寸（約三センチ）出ておれば一寸、腕まくりしておれば肱から先、むろん顔もそっくりただれて赤うなってました」（『東京空襲』）

広島の惨状を語っていることはわかったが、語り口は京都弁だった。車内の客はみな女性の話に耳を傾けていた。しかし相づちを打つ客はいなかった。なぜまた彼女が広島に戻ろうとしているのかもわからなかった。

広島には一〇日の夜遅くに着いた。車窓から眺めると、野火のような炎が所々に光っていた。一〇分間の停車中に、大屋は窓から降りてホームを歩いてみた。駅の建物

が空洞になり、生臭い屍臭《ししゅう》が夜の空気のなかに充満していた。

「ひろしまァ、……ひろしまァ、……」

場違いな二人の少女の声が聞こえてきた。当時は出征した男性に代わり、女性の駅員が多く採用されていた。拡声機がないので、彼女らは精いっぱいの声で叫びながらホームを歩いていた。

「二人の少女はすれ違いざまきまり悪そうにふっと口をつぐみ、両手の指先をからみ合わせると、体を折ってくっくっと笑った。低い笑い声だったが非常に明るく私の耳にひびいた。とても長い間それは五年にも十年にも感じられたほどに長い間私はこんな明るさに接していなかったような気がした」(同)

広島の街が廃墟《はいきょ》と化しているのに、列車はちゃんと動いている。日常がまだ失われていないという安堵《あんど》を覚えたからこそ、彼女らは笑ったのだろう。その笑いに救われたのは、大屋だけではなかったに違いない。

駅のビラに反映された世相

一九四五（昭和二〇）年八月一七日、会社員の吉沢久子は神田駅でビラが貼られているのを見つけた。そこには「軍ハ陸海軍共ニ健全ナリ、国民ノ後に続クヲ信ズ　宮中尉」と書かれていた（『吉沢久子、27歳の空襲日記』）。

その三日後、作家の高見順もまた横須賀線の北鎌倉駅でビラが二枚貼られているのを見つける。ここにも筆で「国民諸子ニ告グ、軍ナクシテ何ノ国体護持ゾ、……海軍航空隊司令」「……断ジテ降伏セズ、一億総蹶起《けっき》ノ時ハ今ナリ、海軍」とあった（『敗戦日記』）。

天皇の玉音放送が流れたあとも、なお抗戦を呼びかけるビラが首都圏の駅に貼られていたわけだ。放送の直後には戦争継続を訴えるべく、神奈川県の厚木海軍飛行場を飛び立った航空隊の軍用機が、空から大量のビラをまいたことが知られている。神田駅と北鎌倉駅のビラも、誰かが拾い上げ、わざわざ貼り付けたものではなかったか。

だが、それに呼応した市民はいなかった。吉沢も八月一七日の日記に「すでに陛下のお

敗戦を伝える昭和天皇の放送を聴く人たち=1945年８月15日、大阪市北区の大阪駅前

勅語も出ている。（中略）明日への道を拓《ひら》いていくほうが国のために働くということになるのではないのだろうか」と記している。玉音放送の影響は絶大だったのだ。

三カ月後の一一月一七日。のちの東京医科大学に通う山田風太郎は、渋谷駅の壁を埋めるビラを見た。「餓死対策国民大会！」「吸血鬼財閥の米倉庫を襲撃せよ！」「赤尾敏大獅子吼《だいししく》、軍閥打倒！」「天皇制打倒、日本共産党！」「十万円の夢、宝クジ！」などの字面は、この間に変化した世相を反映していた。だが乱暴に剝がしたせいか、これらの下に「神州護持」か「国体護持」の「護持」と記された古いビラが残っているのを、風太郎は見逃さなかった（『戦中派不戦日記』）。

当時の風太郎は、世田谷区の三軒茶屋に住み、大学に通うのに渋谷と二子玉川を結ぶ東急玉川線を使っていた。玉電と呼ばれた路面電車である。この沿線各駅にもビラが貼られていた。風太郎は四六年六月三日の日記にそれらを書き写している。「葬れ五島慶太！　殺人電車の責任者、従業員の膏血《こうけつ》を搾《しぼ》る吸血鬼、五島を打倒しろ！」「巣鴨ゆき！　東條をしのぐ戦争犯罪人五島慶太！」（『戦中派焼け跡日記』）

五島慶太は戦中期に私鉄の買収や合併を進めて「大東急」の総帥となり、東條英機内閣の運輸通信大臣も務めた。すでに東條らを被告とする東京裁判は開廷していたが、敗戦後も「大東急」を維持したまま総帥として君臨し続ける五島に対する利用客の反発は強かった。風太郎はこれらの扇動的な文句の背後に、合法政党となって勢いを伸ばす日本共産党の影響力を読み取っている。

戦後初の総選挙と車内の激論

一九四六（昭和二一）年四月二日、東京を8時30分に出る博多ゆきの急行列車に、吉屋信子と菊池寛らの一行が乗り込んだ。行き先は京都だった。吉屋は菊池から、京都で開催される文芸講演会に誘われて一緒に乗った（「菊池寛」、『私の見た人』所収）。

当時の菊池は映画会社「大映」の社長だった。時あたかも戦後初の衆議院議員総選挙の期間中で、京都府の選挙区からは専務の永田雅一《まさいち》が立候補していた。実は文芸講演会というのは名目にすぎず、本来の目的は京都で永田を応援することにあった。吉屋は菊池に「君は選挙に無関係な話をすればいいんだよ」と説得されたのだ。

この総選挙では京都府全体が一つの選挙区（大選挙区）で、定数は一〇人だったが、立候補者は七二人もいた。永田は保守政党である日本自由党から出馬した。

菊池は列車に乗ると、秘書たちと四月一〇日に投票が行われる総選挙の予想を始めた。そして「社会党も金がないからだめだねえ」と本音を漏らすや、四、五人の屈強な男たち

女性に初めて参政権が認められた1946年の総選挙。投票所の名簿照会に女性有権者が列をなした=大阪市北区

が席を取り囲み、「ナニッ、社会党が金がないってバカにするなッ」と大声でどなりつけた。社会党というのは、戦前の無産政党が大同団結する形で結成された日本社会党のことだ。

「そのすごい勢いに私〔吉屋〕は肝がつぶれた。その人たちの祖国はかつて日本統治下にあった——いまは第三国人だった。日本はうらまれても仕方ないが、でも社会党はごひいきらしかった」（同）

菊池は「政治に金がいるのを歎《なげ》いたのだ」と弁解したが、彼らは「ナニ言うか、おまえなんか戦争中軍の手先になって、われわれを安い賃金でこき使って大もうけしたんだろ」と糾弾した。吉屋によると、どうやら彼らは菊池のことを「土建屋」と勘違いしたらしい。

　四月一〇日の投票の結果、京都府では日本社会党の候補者が最多票を得たのをはじめ、三人が当選した。ほかは日本自由党が三人、保守政党の日本進歩党が一人、無所属が三人という結果になったが、永田雅一は落選した。社会党を支持していたのは、決して日本に住む旧植民地の出身者を意味した「第三国人」だけではなかった。

　この総選挙では女性に初めて参政権が認められ、京都府でも三人の女性が当選した。国務大臣だった小林一三は、「婦人の当選者の多いのには驚いた、正に世界一だ。米国は下院議員四百三十五名の中、僅《わずか》に九名、英国は六百十五名の中二十三名、我国では四百六十何名の中《なか》、驚く勿れ、三十九名」と記している（『小林一三日記』第二巻）。日本の女性議員の割合が「世界一」とされた時代があったこと自体、いまとなっては驚異というほかない。

丸山眞男が聞いた車中談議

一九四八（昭和二三）年夏のある日、上野を11時55分に出る長野・水上《みなかみ》ゆきの普通列車に、政治学者の丸山眞男が乗っていた。七月一八日に旅客運賃が値上げされて数日しか経っていなかったというから（「車中の時局談議」、『戦中と戦後の間　1936—1957』所収）、七月下旬だったろう。

丸山が向かったのは、長野県の須坂であった。敗戦直後から、丸山は長野県をしばしば訪れた。一つには妻の実家のあった更級郡青木島村（現・長野市）に向かうため、もう一つには県内の教育職能団体である信濃教育会に呼ばれて講演するためだった。このときも須坂で同会の講演が予定されていた。

いつもは買い出しや帰省の客で混み合う列車も、運賃値上げの影響からか、驚くほど空いていた。「ここ数年来たえて感じられなかつた様なゆつたりした旅行気分が上野を出たときから車中にただよつていた」（同）

テスト走行のために鉄道展示館から出されたアプト式電気機関車ED42形１号機。イベントでは約80メートルを推進車両に押されてゆっくりと走った=2020年10月、群馬県安中市の碓氷峠鉄道文化むら

列車は群馬県の高崎で水上ゆきの車両を切り離し、信越本線に入った。横川では歯車を噛《か》み合わせて急勾配を登るアプト式の電気機関車を増結し、県境に当たる碓氷《うすい》峠を越えて17時43分に長野県の軽井沢に着いた。18時9分に軽井沢を出ると、通路をはさんだ向かい側のボックス席に座を占めた三人の男たちの政治談議が聞こえてきた。

彼らは闇商人と中規模の自作農、そして職業は不明ながら丸山が「亜インテリ」と呼ぶ地元の中堅層のように見えた。列車が18時50分過ぎに小諸に着くまでの四〇分あまりの間、丸山は「手帳をとり出し、何か自分の用件を書きつける様なさりげない体裁をよそおいながら全神経を耳に集中した」（同）

当時の衆議院は、日本社会党が最大議席を占め、四七年五月に成立した片山哲内閣、四八年三月に成立した芦田均内閣と、社会党、民主党、国民協同党を与党とする連立内閣が二代続いていた。長野県でも、社会党の林虎雄が公選初の知事になっていた。

三人の男たちは、口々に社会党をこき下ろし、当時野党だった保守政党、民主自由党による単独政権を期待する言葉を発した。実際にこの年の一〇月には疑獄事件で芦田内閣が総辞職して民自党の吉田茂が首相となり、四九年の衆議院議員総選挙では社会党が大敗して民自党が単独過半数の議席を獲得している。

丸山は「車中や床屋や湯屋できかれる大衆の論議は、それがくつろいだ、いわば無責任な環境での放言であるために、かえつて彼等《かれら》が組織的行動をとつている時よりも彼等の心底を暗々裡《あんあんり》に規定する価値規準を正直に露呈する場合が多い」（同）と述べる。だからこそ車中では、客の会話に耳を傾けたというのだ。同じ政治学者として、メモがぎっしり書き込まれた手帳を見たいと思った。

青梅線と革命思想の関係

村上春樹の長編小説『1Q84』には、主人公の一人、天吾と「ふかえり」と呼ばれる少女が立川からJR青梅線の電車に乗る場面がある。

「東青梅駅から先は線路が単線になった。そこ〔青梅〕で四両連結の電車に乗り換えると、まわりの山はまた少しずつ存在感を増していった。もうこのあたりからは都心への通勤圏ではない。山肌はまだ冬の枯れた色を残していたが、それでも常緑樹の緑が鮮やかに目につくようになっていた。駅についてドアが開くと、空気の匂いが変わったことがわかった」

二人は青梅から四駅目の二俣尾《ふたまたお》で降りた。駅からタクシーで行ったところに戎野《えびすの》という男が住んでいた。戎野はふかえりの父、深田保の親友だった。毛沢東の革命思想を信奉していた深田は、山梨県の山中に「さきがけ」と呼ばれるコミューンを築いたが、やがて革命を希求すべきか否かをめぐる内紛が起こり、行方不明になった。ふかえりだけが県境を

「さようなら」のプレートをつけたクモハ40=1978年、国鉄青梅線

越え青梅線に乗り、戎野の家までやって来た。それ以来、戎野はずっとふかえりを育ててきた。

青梅線と革命思想の関係は浅くない。きっかけとなったのは、日本共産党が一九五一（昭和二六）年に開かれた第四回全国協議会で反米武装闘争の方針を決定し、毛沢東思想をもとに革命の担い手となる「山村工作隊」を奥多摩一帯に派遣したことだ。

在日朝鮮人二世の作家、高史明《コサミョン》もその一人だった。五二年三月、高に率いられた若者たちが立川から青梅線に乗り、終点の氷川《ひかわ》（現・奥多摩）で降りてバスに乗り換え、山梨県に隣接する西多摩郡小河内《おごうち》村（現・奥多摩町）に入った（『地形の思想史』）。

小河内村では、巨大ダムの建設が進んでいた。米軍基地のある立川と、米軍基地に電力を供給するダムに近い氷川を結ぶ青梅線に乗ることで、彼らの反米意識は高まった。だが山村工作隊は村民からの支持を全く得られず、失敗に終わった。五五年に開かれた共産党の第六回全国協議会で、反米武装闘争方針は誤りとして否定された。

それでも毛沢東思想を信奉する新左翼は、奥多摩を革命の拠点にしようとした。後に連合赤軍の最高幹部になる永田洋子《ひろこ》は、東京都と山梨県の境にある雲取山に山岳ベースを築くことを提案した。「私たちは氷川の駅まで電車で行き、そこからバスで雲取山の入口まで行った」(『十六の墓標』)

『1Q84』で天吾とふかえりが眺めた青梅線の車窓風景は、五〇年代から七〇年代にかけて革命を志した多くの若者が見た風景と重なっていた。村上春樹が青梅と奥多摩の間に位置する駅を小説の舞台にしたのは、それなりの意味があったのだ。

竹内好と鶴見俊輔の駅弁論争

一九六〇（昭和三五）年の安保闘争を機に大学を辞めた竹内好《よしみ》は、夏は海水浴、冬はスキーのために東京の自宅を空けることが多くなった。六二年一二月から六三年一月にかけても、新潟県の奥只見と関山で家族とともにスキーを楽しんでいる。

関山では、鶴見俊輔の家族と合流した。一月七日にスキーを終えた彼らは、信越本線（現・えちごトキめき鉄道妙高はねうまライン）の関山駅に向かった。9時58分発の上り上野ゆきに乗るつもりがわずかの差で間に合わず、駅で二時間あまり待ってから、正午過ぎに出る上野ゆきの普通列車に乗った。

長野には13時44分に着いた。四〇分間停車する間に上野ゆきの準急「高原」が先に発車した。彼らは乗り換えようとしたが、混んでいたのでそのまま普通に乗ることにした。雪はますます激しくなり、小諸から軽井沢にかけても珍しく大雪だった。

碓氷峠を越える信越本線の軽井沢と横川の間は、当時の国鉄で最も勾配のきつい区間と

横川―軽井沢間の碓氷峠を登るアプト式のED42形電気機関車。線路中央に歯型のラックレールを敷き、機関車に取り付けた歯車とかみ合わせて滑りを防いだ=1962年

して知られ、線路の中央に敷かれた歯型のレールと車両の床下に設置された歯車をかみ合わせたアプト式と呼ばれる線路システムがとられていた。軽井沢と横川の両駅では、アプト式に対応した機関車の付け外しをするため、停車時間が長くなった。

この停車時間を利用して横川駅で五八年から販売されるのが、初めて駅弁に陶器を用いた「峠の釜めし」だった。ところがその二年後には、同じ信越本線の高崎駅でやはり陶器を用いた「だるま弁当」が販売されている。

列車が軽井沢に着いたときには、もう17時を回っていた。このとき、竹内と鶴見の間で論争が起こった。

「時刻からいって、夕食は横川の釜めしを私が提唱したが、俊輔さんひとりだけ頑として高崎を主張した。しかし最後に釜めしに同調した。転向だと私が言ったが、彼は転向説を認めなかった。信越線での駅弁は高崎というのが昔からの定評だが、横川の釜めしがあらわれてから、この定評はゆらいでいる。新出品の『だるま弁当』など私はうまいと思わない。私の方が新しがりで、俊輔さんが案外保守の一面があるのは新発見だった」（『転形期』）

竹内に言わせれば、鶴見は信越本線の駅弁は高崎という「昔からの定評」に従って「だるま弁当」を挙げた。だが長野県の臼田《うすだ》出身で、故郷との往復に信越本線を利用してきた竹内の持論に押し切られたのだ。

転向だと真面目に迫る竹内とそれを認めない鶴見。ボックス型の座席で、スキーの板などを置きながら両者がやり合うほほえましい光景が、簡潔な文章から見えてくるようではないか。

首都圏国電暴動と「革命」

国際反戦デーに当たる一九六八（昭和四三）年一〇月二一日、「新宿騒乱」と呼ばれる事件が起こった。新左翼のデモ隊三五〇〇人に扇動された二万人の群衆が新宿駅構内に乱入し、電車や信号機などを破壊し、各所に放火した事件のことだ。『朝日ジャーナル』（六八年一一月三日号）は、「〝革命前夜〟を思わせる光景であった」と記している。

三島由紀夫もまた同様の認識を持ち、翌年の国際反戦デーでは新宿駅が見える地点までデモの取材に出掛けた。だが期待に反して、今度は「圧倒的な警察力の下に不発に終つた」（「檄《げき》」、『決定版三島由紀夫全集』三六巻・評論一一所収）。そうだとすればやはり六八年一〇月二一日こそ、革命に最も近づいた日のように見えてくる。

しかし暴動の規模や加わった人数という点で新宿騒乱をはるかに上回る事件が、それから四年半後に当たる七三年四月二四日夜に起こっている。この事件は、「首都圏国電暴動」と呼ばれている。

かけつけた機動隊員とにらみあう乗客たち=1973年４月24日午後11時、東京都台東区の上野駅

　事件の引き金となったのは、国労（国鉄労働組合）と動労（国鉄動力車労働組合）という二つの労働組合の順法闘争だった。順法闘争というのは、ストとは異なり電車は動かすが、法や規程を厳格に守ると称してわざと速度を落とし、結果としてダイヤを混乱させる戦術を指す。電車の大幅な遅れと混雑は避けられず、乗客の怒りは頂点に達した。七三年三月一三日朝には、高崎線の上尾駅で通勤客が暴徒と化した「上尾事件」が起こった。

　四月二四日夜の事件は、上尾事件の比ではなかった。六千人があふれた赤羽駅で客が暴れ出したのをきっかけとして、上野、新宿、東京、渋谷など首都圏の三八駅に暴動が広がったからだ。

　翌日の「朝日新聞」朝刊や夕刊に載った写

真の数々が、事件のすさまじさを物語っていた。例えば上野駅の中央広場では、午後一一時に盾をもって居並ぶ機動隊と帰宅できなくなった客たちがにらみあっている。さらに午前0時を回ると、中央広場で何かが燃やされて炎上している。

新宿騒乱との最大の違いは、「中核」などと書かれた旗やヘルメットがどこにも見られなかったことだ。事件は新左翼が扇動したのではなく、自然発生的に起こった。既成左翼も新左翼も、首都圏国電暴動を「革命前夜」とは見なさなかった。

七二年二月に起こった「あさま山荘事件」を最後に、「政治の季節」は終わったと見られている。新左翼が影響力を失墜させたという意味ならまさにそうだろう。だが社会に対して異議があれば、暴力的な手段を使ってでも表明するべきだというメンタリティー自体は、新左翼以外の人々にもまだ広く共有されていたように思われる。もし三島由紀夫が七〇年一一月に自決しなかったら、首都圏国電暴動をどう見ただろうか。

時刻表で推理した永田洋子の逃避行

一九七一（昭和四六）年二月一七日未明、「日本共産党（革命左派）神奈川県委員会」（京浜安保共闘）の男たちが、栃木県真岡《もおか》市の銃砲店で猟銃や銃弾を強奪した。

永田洋子は直接の犯行者ではなかったが、同じ京浜安保共闘のメンバーとして、新潟県長岡市のアジトで彼らに合流した。永田は北海道への逃避行を提案した。彼らはスキー客を装い、リュックには猟銃や銃弾を詰めた。全員が同じ列車で行くと目立つので、二人一組で行き、函館本線の倶知安《くっちゃん》駅で再会することにした。二月二一日早朝、永田は内縁関係にあった坂口弘とともにアジトを出た。

向かったのは長岡駅ではなく、隣の北長岡駅だったようだ。冷えるせいか待合室の扉は少ししか開いておらず、室内にはストーブが焚《た》かれ、何人かがあたっていた。

北長岡7時48分発の信越本線下り普通新潟ゆきに乗り、8時59分に新津に着いて羽越本線下り普通新発田《しばた》ゆきに乗り換えた。新発田では普通温海《あつみ》（現・あつみ温泉）ゆきに接続

複数のリンチ殺人などを起こしたとして1972年に群馬県の山中で逮捕された永田洋子・元連合赤軍幹部。93年に死刑が確定し、2011年に多臓器不全で死亡した

していた。日本海に面した山形県の温海には、12時20分に着いた。

永田は坂口と駅を出た。海がよく見えたが、街には人影がなかった。そば屋に入ると男の客ばかりで、「女の人がいないことが何とももの足りなかった」。ぶらぶらしながら駅に戻っても、次の列車はまだ来なかった。吹きさらしの駅のベンチでしばらく待った。「これはなかなか味わいのあることだった」

温海14時24分発の普通秋田ゆきに乗った。秋田では奥羽本線下り青森ゆきの急行「しらゆき」に接続し、終点の青森に22時34分に着いた。この日は青森の旅館に泊まっている。

二二日、二人は青森5時30分発の青函連絡船に乗り、函館に9時20分に着いた。9時40分発の函館本線下り旭川ゆき特急「北斗1号」に接続していたが、倶知安に行くには11時

55分発の稚内ゆき急行「宗谷」まで待つしかなかった。「宗谷」に乗ると、車窓に広がる一面の雪景色に目を奪われた。「二・一七闘争後、あわてて北海道に逃げて来たことを忘れてしまう程だった」

13時32分着の長万部《おしゃまんべ》で降り、駅弁「かにめし」を二人分買った。坂口がおいしそうに食べたので、永田は半分以上譲った。長万部14時32分発の普通札幌ゆきに乗り、倶知安には16時53分に着いた。翌朝、長岡で別れたメンバーと倶知安駅で無事再会し、潜伏先の札幌に向かった。

以上の行程は、永田の獄中手記『十六の墓標』上と当時の時刻表をもとに推理した。まだ指名手配される前だったせいか、逮捕を恐れる様子もなく、旅を楽しむ余裕すら感じられる。だがこのとき彼らのリュックのなかに詰め込まれた猟銃と銃弾こそ、一年後にあの「浅間山荘」で使われるものだった。

「虹作戦」と四分間の謎

かつて天皇が乗った列車を爆破しようとした計画があった。「東アジア反日武装戦線〝狼《おおかみ》〟」を名乗る大道寺将司らは、昭和天皇が「数千万のアジア人民を虐殺」(「控訴趣意書」)したと見なし、一九七四(昭和四九)年に「虹作戦」と称する計画を練った。

彼らは、那須御用邸に毎年滞在する天皇と皇后が、八月一五日の全国戦没者追悼式に出席するため、一四日に栃木県の黒磯から東北本線や山手貨物線を走るお召列車に乗って原宿の宮廷ホームに帰ってくると狙いをつけ、列車が川口―赤羽間の荒川鉄橋を通るはずの10時58分から11時2分までの四分間に合わせて爆弾を仕掛けようとした。

いったい彼らは、どのようにしてこの四分間を割り出したのだろうか。

七二年と七三年の八月一四日には、天皇と皇后は黒磯を9時25分に出るお召列車に乗った。列車は赤羽まで青森発上野ゆきの夜行急行「八甲田」を追うようにして走り、原宿には11時35分に着いている(『昭和天皇御召列車全記録』)。

全国戦没者追悼式に出席した後、特別列車で再び静養先の那須御用邸に向かう昭和天皇、香淳皇后=1984年８月17日、東京・原宿駅の宮廷ホーム

松下竜一『狼煙《のろし》を見よ』によれば、彼らは過去の例から所要時間を計算し、お召列車が荒川鉄橋を通る時刻を割り出した。とすれば、前述の四分間は七三年までのダイヤから算定されたことになる。この場合、黒磯から荒川鉄橋までの所要時間は約一時間三五分。当時の同区間を走っていた特急とほぼ変わらない。だが荒川鉄橋から原宿までの所要時間は約三五分。現在の同区間を走るＪＲ湘南新宿ラインと比べても遅すぎるのだ。

七三年一〇月のダイヤ改正で「八甲田」の黒磯発が一〇分早まったのに伴い、お召列車の黒磯発も早まった。七四年五月二八日と六月二一日には、天皇と皇后は黒磯９時10分発の列車に乗り、原宿に11時16分に着いている。同書では、両日とも大道寺が荒川鉄橋で列車を観察したとしている。

つまり前述の四分間は、七三年までの八月一四日のお召列車のダイヤではなく、ダイヤ改正後の七四年に入ってからの現地での目測に基づいていたようにも見える。

七四年八月一四日、天皇と皇后を乗せた列車は黒磯をやはり9時10分に出て、原宿に11時15分に着いている。前述の四分間が正しければ、黒磯―荒川鉄橋間は約一時間五〇分かかる一方、荒川鉄橋―原宿間は約一五分しか要しなかったことになる。これでは逆に速すぎる。同書では列車が鉄橋を渡った時刻を、彼らが割り出した時刻よりやや早い10時57分としているが、もっと早かった可能性もある。

虹作戦は、荒川の河川敷に不審な人影があったために実行されなかった。だが実行されたとしても、失敗に終わったに違いない。使われなかった爆弾は一六日後の八月三〇日、東京・丸の内の三菱重工ビルで炸裂《さくれつ》する。

てもらいたい」（林郁夫『オウムと私』）

綾瀬駅で下車した林郁夫の記憶

「近く強制捜査がある。騒ぎを起こして、捜査のホコ先をそらす。地下鉄にサリンをまいてもらいたい」（林郁夫『オウムと私』）

一九九五（平成七）年三月一八日、オウム真理教幹部の村井秀夫が、山梨県西八代郡上《かみ》九一色《くいしき》村（現・富士河口湖町）にあった「第六サティアン」の修行部屋に集まったメンバーに、麻原彰晃の言葉を伝えた。そのなかに、「治療省大臣」の林郁夫がいた。

村井は地下鉄の路線図を掲げ、丸ノ内線、日比谷線、千代田線が警察や検察、裁判所の集まる霞が関を通っていることを説明した。決行は二日後の二〇日朝。メンバーが分散して霞ケ関駅の少し手前の駅に8時ごろに着く電車に乗り、車内にサリンをまいて降りることが確認された。

林は千駄木から千代田線に乗り、霞ケ関より四駅手前の新御茶ノ水で降りて信者の車に乗り込むことになった。一九日夜、林は下見を兼ねてこの区間を往復している。

営団地下鉄霞ケ関駅構内での調査と除染を終え、地上に出た東京消防庁化学機動中隊員たち=1995年３月20日

だが二〇日に林が千駄木駅に着いたのは6時45分で、犯行時間まで十分余裕があった。そこで新御茶ノ水とは逆方向の電車に乗り、北千住まで行こうと考えた。始発駅から乗ればば座れると思ったからだ。地下鉄東西線が中央線に乗り入れても中野始発の電車があるように、千代田線もまた常磐線に乗り入れても北千住始発の電車があると考えたのだろう。

しかし千代田線の始発駅は、北千住の次の綾瀬だった。北千住―綾瀬間は、常磐線と千代田線の二重戸籍をもつ珍しい区間である。林は車内の路線図を見て、初めて自分の乗っている電車が綾瀬に行くことに気づいたようだ。

林の脳裏には、慶應中等部時代にテニスの大会が綾瀬で開かれたときの記憶がまざまざとよみがえってきた。当時は千代田線がまだなく、上野から常磐線で来たはずだ。コートをもう一度見たいという思いから、林は北千住ではなく綾瀬で降りた。

綾瀬駅は千代田線の建設に伴い、六八年に移設されていた。久々に見た駅前の風景は、林の記憶を裏切っていた。もしテニスコートを見つけていたら、現実に引き戻され、しばらくそこにとどまったかもしれない。

林が自らの使命を忘れることはなかった。綾瀬から再び千代田線の電車に乗り、北千住でいったん降りてから、7時48分発代々木上原ゆきの先頭車両に乗った。次の町屋から同じ車両に乗り合わせた会社員の風口綾は、新御茶ノ水の次の大手町で急に息苦しくなった。ふと見ると、ドア付近に新聞紙で包まれたものが置かれていた。「水というか何か液体が、まわりに染みだしているんです。そしてよく見ると、それが電車の振動にあわせてぷよぷよと揺れているんです」（村上春樹『アンダーグラウンド』）。今年もまた、あの三月二〇日が巡ってきた。

第五章

記憶の車窓から

撮影名所でねらったブルトレ

鉄道開業からちょうど百年に当たる一九七二（昭和四七）年一〇月一四日と一五日、もとの新橋—横浜間に当たる汐留—東横浜間に、記念のＳＬ列車が走った。

一四日には招待客が、一五日は抽選で選ばれた一般客が乗った。実はそのなかに私もいた。記念切符を一〇枚買ったうちの一枚が当たったのだ。ＳＬをろくに見たこともなかった小学四年生が、Ｃ57形機関車の引く客車に単独で乗った。11時30分、ドラフト音とともに列車が汐留駅（現在は廃止）から動き出したときの興奮を、いまでも生々しく覚えている。沿線には三〇万人を超える見物人が押し寄せた。列車はしばしば立ち往生し、三〇分あまりも遅れて桜木町駅に隣接する東横浜駅（同）に着いた。多くの人々が、首都圏でＳＬが走るのはこれが最後だとわかっていたのだろう。

全国的に見ても、七〇年代前半にはＳＬブームが湧き起こった。函館本線の銀山、花輪線の龍ケ森（現・安比《あっぴ》高原）、関西本線の中在家《なかざいけ》信号場、伯備線の布原《ぬのはら》信号場（現・布原）

西鹿児島発東京ゆき「はやぶさ」=1979年４月23日、静岡県三島市、著者撮影

など、ＳＬが二両ないし三両連ねて運転する地点は撮影名所となった。私はそれらの地点で撮られた写真集を買ってきては、ただ眺めるしかなかった。

　国鉄でＳＬが牽引《けんいん》する定期旅客列車の運転が終わったのは、七五年一二月一四日。代わって七〇年代後半になると、ブルートレインブームが起こった。東京と九州や山陰などを結んでいた、ヘッドマークを前面に掲げる電気機関車が引く寝台特急列車が、新たな撮影の対象になったのだ。

　東京を夕方に出る下り列車よりも、東京に午前中に着く上り列車のほうがねらいやすかった。高校生になると、自宅から比較的近い東海道本線の撮影名所に、友人と出向くようになった。

有名なポイントは二カ所あった。一つは根府川《ねぶかわ》―真鶴間の白糸川橋梁《きょうりょう》。相模湾を望む眺めは沿線随一といえたが、海を被写体に入れようとすると列車が横向きになってしまう難点があった。

もう一つは函南《かんなみ》―三島間の竹倉踏切。当時は遮断機のない踏切で、線路がゆるやかに曲がり、晴れれば上り線の背後に富士山が映えた。開校記念日で高校が休みになった七九年四月二三日は朝から快晴だった。三島駅からバスに乗って竹倉の停留所で降り、踏切まで歩いてゆくと、雪をかぶった富士山が鮮やかに見えた。

8時20分過ぎ、西鹿児島（現・鹿児島中央）発日豊本線回り東京ゆき「富士」が通り過ぎた。列車に向かって右側から撮影したが、架線を支える柱が富士山頂の稜線《りょうせん》と重なってしまったことに気づいた。これなら左側からのほうがよいと判断した。

待つこと二〇分。こんどは西鹿児島発鹿児島本線回り東京ゆき「はやぶさ」が来た。運転士は私たちに気づくや、前照灯を点《つ》けた。いい写真が撮れたと思った。

今も残る思い出の駅そば

初めて駅の立ち食いそばを食べたのは一九七一（昭和四六）年、小学三年のときだったと思う。父と一緒に立川駅の中央線ホームの東京寄りにあった「奥多摩そば」に入った。地元の中村亭という老舗が営業していた。

かけそばが六〇円、月見そばが七〇円、天ぷらそばが九〇円だった。天ぷらそばが食べたいと思ったが、父は月見そばを二人分注文した。横一列に客が立ち並び、隣の会社員風の男性があっと言う間に平らげたこと、並びきれない客が後ろで待っていて圧迫感を覚えたことが印象に残っている。急いで食べたせいか、味はよく覚えていない。

七三年四月一日に開通した当日、起点の府中本町から武蔵野線に父と乗ったことは「福永武彦と二つの武蔵野線」（110－112頁）で記した。終点の新松戸で降りると、父は我孫子から成田線に乗って成田に行こうと言った。我孫子までは、新松戸から常磐線下りの各停で五駅である。常磐線は複々線化され、快速と各停の電車が別々の線路を走ってい

上野駅17番線に入線した常磐線の平（現・いわき）ゆき客車列車に乗り込む人たち=1982年10月26日、著者撮影

ることにびっくりした。

我孫子で成田線に乗り換えようとすると、あいにく一時間近くも待たねばならなかった。当時の我孫子―成田間は単線非電化で、常磐線との落差を感じたものだ。

ちょうど昼時で、ホームにあった立ち食いそば店はにぎわっていた。「奥多摩そば」のような固有名はなかったが、弥生軒という屋号が記されている。こんどは父にねだって天ぷらそばを注文した。幸いにもベンチが店のすぐそばにあったので、座ってじっくりと味わえた。

丼にはかわいいＳＬのイラストが描かれていた。成田線は、首都圏で最後までＳＬが残った線の一つだった。その記憶を刻んでおきたい思いが反映していたのだろう。

常磐線は直流区間が我孫子の二駅先の取手までで、その先は遅れて交流電化されたので、電気機関車に引かれた客車列車が長らく残っていた。だが八二年一一月のダイヤ改定でついに全廃されると知り、わざわざ乗りに出かけた。上野から下り列車に乗るよりも、我孫子から上り列車に乗るほうを好んだ。

福島県の浪江を6時ちょうどに出る上野ゆき422列車は、我孫子に11時2分に着いた。弥生軒で天ぷらそばを食べてからこの列車に乗った。途中松戸と日暮里にしか停まらないから、並行して走る各停を追い抜いてゆく。古色蒼然《そうぜん》とした客車が最新鋭の電車を抜き去るのは痛快だった。車内では決まって東北弁で会話する客の姿が見られた。

立川駅の中村亭はもうなくなったが、我孫子駅の弥生軒はいまも健在だ。JR東日本の系列会社が首都圏のJRの立ち食いそば市場を独占しつつあるなか、弥生軒は多くのファンに支えられ、孤塁を守っている。

大阪環状線に現れた幽霊

大阪環状線に初めて乗ったのは、一九七三（昭和四八）年八月一日だった。大阪駅を発つまでにまだ一時間あまりあると父が言うので、それなら環状線を一周しようととっさに提案したのだ。

時刻は夕方で、たまたま来た内回りの電車に乗った。客は天王寺までにおおかた入れ替わった。森ノ宮を過ぎると、父が左手の車窓を指さした。その先にはライトアップされた大阪城天守閣が見えた。「あれは復元されたものなんだよ」と言われても、あまりピンと来なかった。

西成線の西九条と城東線の天王寺の間がつながり、大阪環状線が開通したのは六一年四月二五日。それまでは、環状線の東側に当たる城東線の電車が（一部は西成線の桜島まで乗り入れながら）天王寺と大阪の間を行ったり来たりしていた。

作家の田辺聖子は、戦中から戦後にかけて城東線と近鉄奈良線を乗り継ぎ、大阪府布施

大阪駅東口に掲げられた「大阪環状線開通」の看板=1961年４月、大阪市北区

市（現・東大阪市）にあった樟蔭《しょういん》女子専門学校に通っていた。四五年六月一日の空襲では大阪市福島区にあった自宅が焼けたが、田辺は兵庫県の武庫川に移りながら、なお学校に通い続けた。

　敗戦直後の電車は大変な混みようで、通学も一苦労だったらしい。「電車の窓枠はとんでしまい、窓ガラスはやぶれ、ヨロイ戸をおろしているので車内は昼なおくらく、ごった返しにつめこまれて阿鼻叫喚《あびきょうかん》というところ」（『私の大阪八景』）

　それだけではない。電車が森ノ宮付近を通ると、むっとする異臭が車内にまで入ってきた。城東線の線路をはさんで東西に広がっていた大阪陸軍造兵廠《しょう》が四五年八月一四日の空襲で徹底的に破壊されたからだ。

「木っぱみじんに空襲でやられて夏草が茂っているだけである。悪臭が立つのは空襲で爆死した人の死骸《しがい》のせいだといわれている。どれだけの人がここで死んだか分らない」（同）。現在、このあたりは大阪城公園やJR西日本の森ノ宮電車区などにすっかり変貌している。

柴崎友香の小説『かわうそ堀怪談見習い』には、中学二年の少女が大阪環状線に乗る話が出てくる。学校をさぼって隣の駅までの切符を買い、ぐるぐる回っていたとき、同じようにずっと乗っているおばさんと子どもたちがいて、ようやく「乗り降りするお客さんの少ない駅」で降りる。つられて後をついてゆくと、路地の突き当たりにある家の二階の窓から、おばさんが少女を見下ろしている。

おばさんの正体はわからないままだ。「ここは戦争のときは軍の施設になっていて、ひどい空襲があった。もしかしたら、すぐそばを歩いているのに、気がつかないだけかもしれない」。だが少女は見てしまったのだ。あの空襲の犠牲になったおばさんと子どもたちの幽霊を。

印象的だった車掌の放送

一九六二（昭和三七）年七月二九日、思想家の竹内好は一家で東京発伊豆急下田ゆきの準急「伊豆」に乗り、静岡県の下田に向かった。毎年夏、伊豆で海水浴をするのは、竹内家の年中行事になっていた。

六一年一二月に伊豆急行線の伊東—伊豆急下田間が開通し、東京から直通の準急が走るようになると、伊豆へのアクセスがよくなった。竹内も「東京から三時間。ずいぶん便利になったものだ」と記している（『転形期』）。

彼らは八月一八日まで下田の蓮台寺や西伊豆の仁科に滞在し、一八日の16時過ぎに伊豆急下田を出る東京ゆきの準急「伊豆」に乗った。途中、伊東線に乗り入れる伊東で国鉄の乗務員に交代すると、車内放送が一変した。

「この列車の車内放送はユーモアがあって、国鉄でははじめての経験だった。大船駅が鎌倉市と横浜市の両方にまたがっていること、東京の板橋駅は三区にまたがっていること、遺

1961年12月の開業に向け、レールを敷設する作業が進む伊豆急行線の工事現場=静岡県伊東市八幡野

失物の集計などの豆知識を巧みな話術ではさむ。観光客の多い列車にはこういう器用な車掌を配当するものなのか、それとも偶然なのか」(同)

三週間に及ぶ旅行からの帰途である。車内ではゆっくり休みたかったはずだ。だが竹内は、車掌の過剰なサービスに反発するどころか、かえって興味を示している。

似たような体験が私にもある。小学五年だった七三年八月二日、父と一緒に豊橋10時52分発飯田ゆきの急行「伊那2号」に乗ったときのことだ。

この列車の車内放送はいまでも忘れられない。もともと飯田線は四つの私鉄に分かれていて、駅と駅の間が短いのは集落ごとに駅を設けたからだとか、トンネルの数は一三八あって最長は大原トンネルだといった基礎知識から始まり、次の停車駅が近づくと観光名所の歴史や文化が語られた。湯谷《ゆや》（現・湯谷温泉）駅に近い鳳来寺山にブッポウソウと鳴く鳥が生息していること、東栄駅のある北設楽《きたしたら》郡で花祭《はなまつり》と呼ばれる神事が行われてきたことなど、初めて知った話も少なくなかった。

前日から静岡県の山間部で大雨が降ったせいか、飯田線のダイヤは乱れていた。車掌はそれをわびつつ、通常よりも余計にかかる時間を利用して、いっそう案内に力を込めているように見えた。

音楽美学者の渡辺裕は、戦前から続いてきた聴覚優位の感性文化が、六〇年代以降徐々に視覚優位のそれへと転換していった過程を検証している（『感性文化論』）。同様の転換は鉄道でも起こった。車内やホームに電光掲示板が普及する代わりに、放送は録音された短いものに大きく変わったからだ。一部のリゾート列車を除いて、竹内や私が遭遇したような車掌はいなくなったのである。

名古屋から津へ近鉄で行くと

宮脇俊三の短編ミステリー集『殺意の風景』に、「潮汐《ちょうせき》の巻」がある。名古屋駅の関西本線ホームで10時発の紀伊勝浦ゆき特急「南紀1号」に乗った「私」を見送ったはずの「B君」が、近鉄名古屋10時10分発の賢島ゆき特急に乗り、津で追いついて「南紀1号」に乗り込んでくるトリックが描かれている。

「潮汐の巻」が雑誌『波』に掲載されたのは一九八三（昭和五八）年五月号。当時は国鉄の時代で、名古屋圏では概して国鉄よりも私鉄のほうが利用しやすかった。近鉄名古屋―津間は全線複線電化されていたのに対して、並行する国鉄の関西本線や伊勢線（現・伊勢鉄道）は単線や非電化の区間が少なくなく、「南紀」もディーゼルカーだった。

それから四〇年近く経った。国鉄がJRになって久しいのだから、もうこんなトリックは成立しないと思うだろう。だがそうではないのだ。

二〇二一年八月一二日から一六日まで、名古屋8時51分発の紀伊勝浦ゆき特急「南紀81

2020年３月のデビューを前に近鉄の新型特急「ひのとり」の試乗会が開かれた=20年２月５日、名古屋市中村区の近鉄名古屋駅

号」が運転された。関西本線のホームでこの列車を見送った人が急いで近鉄のホームに移動すれば、９時発の大阪難波ゆき特急「ひのとり」に乗れる。「ひのとり」は、二〇年三月にデビューした新型特急である。

この特急は津まで停まらず、９時44分には津に着いてしまう。「南紀81号」の津着は10時２分だから、ゆうゆう間に合うわけだ。

なぜいまだにこんなトリックが可能なのか。実は国鉄からＪＲになっても、状況はそれほど変わっていない。「南紀」はディーゼルカーのままだし、単線の区間も相変わらず残っている。「南紀81号」が遅いのは、本来通過するはずの駅や信号場で対向列車との行き違いのために停車しなければならないからだ。

津には親戚がいたので、幼少の頃から近鉄

特急にはなじみがあった。小学五年だった七三年の夏休みに、私は名古屋から津まで国鉄で行くことを家族に提案した。名古屋を15時14分に出て関西・紀勢本線を経由し、紀伊半島を回って天王寺に翌朝5時に着く客車列車があり、途中まで乗ってみたいと思ったのだ。

父だけが賛成し、母と妹は近鉄で行くことになった。しかし父は名古屋駅の切符売り場で私に代金を渡し、恥ずかしいから代わりに二人分の切符を買えと言う。「津まで大人一枚、子供一枚ください」と告げると、職員は「え?」と訊き返し、「坊や、津に行くならね、近鉄のほうがずっと早いんだよ」と近鉄の乗り場を指さした。それでようやく父の言っていることがのみこめた。

伊勢神宮に参拝するため国鉄を使っていた昭和天皇も、七一年以降は近鉄を使うようになった。この習慣は、平成、令和と代替わりしても受け継がれている。

多崎つくると新宿駅の記憶

村上春樹の小説『色彩を持たない多崎つくると、彼の巡礼の年』の最終章では、乗降客数が日本一多いJR新宿駅が描かれている。

「乗り場は全部で十六ある。それに加えて小田急線と京王線という二つの私鉄線と、三本の地下鉄線がそれぞれ脇腹にプラグを差し込むような格好で接続している。まさに迷宮だ。通勤ラッシュの時刻にはその迷宮は人の海になる。海は泡立ち、逆巻き、咆哮《ほうこう》し、入り口と出口をめがけて殺到する」

どのホームも人の流れが絶えない光景が浮かんでくるだろう。だが実際はそうではない。9・10番ホームは、中央本線の特急列車の専用ホームになっている。その多くは新宿始発だ。「通勤客が中心になっている他のプラットフォームに比べれば乗降客の数は遥《はる》かに少なく、列車の発着もそれほど頻繁ではない」とある通りである。

鉄道会社で駅の設計をしている多崎つくるは、入場券を買って9・10番ホームに上がり、

多崎つくるが新宿駅で見ていたとされたE257系。「実直で飾りのないフォームに好感を持っていた」と描写されている=2018年、山梨県北杜市小淵沢町

ベンチに座って駅の様子を観察するのを好んだ。仕事を終えて駅に着けば、21時発松本ゆき特急「あずさ」の最終列車が9番線に停まっている。しかし列車に乗ってどこかに向かうことはない。鉄道がつくる時間の秩序に身をゆだねながら、ベンチで思索にふけるのだった。

この場面はある記憶を呼び起こさせた。現在の9・10番ホームとほぼ同じ位置にあった一九七四（昭和四九）年の国鉄新宿駅の3・4番ホームにまつわる記憶である。

小学六年だった私は、中学受験をするため、毎週日曜日に中央線の上り電車に乗り、中野にある進学教室に通っていた。だが中野では降りず、新宿まで乗った。どの電車に乗っても4番線に着いた。ホームの向かい側の3番線には10時51分から12時8分までの間、松本ゆきの普通423列車が停まっていた。

新宿で電車を降りると、この始発列車に乗り込んだ。電車ではなく、電気機関車が牽引する客車だった。扉は手動で、車内に客の姿はめったになかった。私はなるべく古そうな車両を選び、ボックス席に座って母が作った弁当を食べた。そして食べながら窓の外に広がるホームの雑踏を眺めた。誰一人として自分の乗っている薄汚れた客車に気づいていないように見えるのが不思議に思えた。

すでに新宿駅は、乗降客数が日本一多かった。特急や急行が発着する1・2番ホームは外れにあり、雑踏を眺めるには3番線のほうがふさわしかった。多崎つくる同様、423列車でどこかに向かうことはなく、弁当を食べ終わると列車から降り、中野へと戻った。この習慣をしばらく続けたことは、拙著『滝山コミューン一九七四』に記した。

倶知安の天ぷらそばとの再会

高校一年だった一九七八（昭和五三）年の夏休みに、半月かけて北海道の国鉄全線に乗ったことがある。所属していた慶應義塾高校鉄道研究会の行事に参加したのだ。

当時の国鉄は「北海道ワイド周遊券」を発売していた。二〇日間有効で、出発地との往復に加えて道内の国鉄線と国鉄バスに乗り放題の上、急行の自由席にも乗れた。学割のきくこの周遊券を最大限活用し、夜行列車に何度も乗って宿泊費を節約した。

すでに国鉄の赤字はふくらんでいたが、大赤字線の多くは北海道にあった。道央の伊達紋別と倶知安を結ぶ胆振《いぶり》線もその一つで、七七年度には一〇〇円稼ぐのに一六六五円もかかり、ワースト一〇に入った（「朝日新聞」七八年八月二〇日）。七七年八月に噴火した有珠《うす》山の泥流の除去費がかさんだためであった。

鉄道研究会の行事と言っても、全員がずっと同じ列車に乗っていたわけではない。前後の予定を入れ替え、独りで乗った線もあった。胆振線がまさにそうだった。

人影もなくひっそりとした1979年当時の国鉄胆振線・北湯沢駅。86年に廃止となった=北海道有珠郡大滝村（現・伊達市大滝区）

伊達紋別を19時23分に出る倶知安ゆきの下り普通列車に乗った。二両編成のディーゼルカーで、私が乗った車内には数人の客がいた。あてにしていた駅弁は伊達紋別にはなかった。すっかり日は暮れ、昼間なら見えるはずの有珠山がどこにあるかもわからなかった。

当時の横綱北の湖《うみ》の出身地として知られていた二駅目の壮瞥《そうべつ》で客はみな降りてしまい、車内は私だけになった。どの駅に停まっても乗り降りがない。窓の外にはただ漆黒の闇が広がるばかりだった。空腹が寂寥《せきりょう》の度合いを高めていた。

胆振線は単線のため上り列車とは駅で行き違う。しかし行き違ったのは、新大滝と京極の二駅しかなかった。京極では壮瞥を出てから二時間ぶりに客が乗ってきた。

終点の倶知安には22時2分に着いた。とにかく何か食べなければならない。だが駅の売店は閉まっていた。次に乗るのは0時19分発の函館本線上り普通函館ゆきだったから待ち時間は十分あった。あてもなく駅前の商店街を歩きだしたが、人の姿はなく、開いている店もなかった。

諦めかけたそのとき、奇跡が起こった。ある店の前で天ぷらそばの自動販売機を見つけたのだ。信じられない思いで小銭を入れ、二十数秒で出てきた湯気の立つそばをじっくり味わった。そばは白くて細く、天ぷらには海老《えび》が交じっていた。肌寒かったせいか、汁の温かさが身に沁《し》みた。

この出来事が忘れがたく、二〇一〇（平成二二）年五月に再び倶知安を訪れた（『鉄道旅へ行ってきます』）。胆振線は廃止されて久しかったが、自動販売機はまだ存在していた。食べるほどに味覚の記憶がよみがえり、涙が出そうになった。

『金閣寺』に描かれた保津峡

保津川に沿って観光列車が走る嵯峨野観光鉄道のトロッコ嵯峨―トロッコ亀岡間は、線路が切り替えられる一九八九（平成元）年三月まで、山陰本線の嵯峨（現・嵯峨嵐山）―馬堀《うまほり》間に相当した。その中間の保津峡駅も、現在と違う場所にあった。

三島由紀夫の小説『金閣寺』では、主人公が父とともに舞鶴から列車に乗って京都に向かう途中、保津峡を通っている。駅の前後のトンネルでは、蒸気機関車の煤煙《ばいえん》が車内にまで入ってきた。

「父が咳《せ》き入るのを看取《みと》りながら、私はたびたび保津川を窓外に見た。それは化学の実験で使う硫酸銅のような、くどいほどの群青いろをしていた。トンネルを出る毎《ごと》に、保津峡は、線路から遠くにあったり、また意外に目近《まぢか》に寄り添うて来ていて、滑らかな岩に囲まれて、その群青の轆轤《ろくろ》をとどろに廻《まわ》していたりした」

この一節を読んで以来、列車で保津峡を訪れてみたいという思いが募っていた。高校一

保津峡駅に進入する京都ゆき客車列車=1979年３月18日、著者撮影

年だった七九（昭和五四）年三月一八日、思いがかなった。京都から山陰本線の普通列車に乗ると、盆地が尽きる嵯峨を境に車窓が一変した。トンネルに入ったかと思うと、保津川が左右の車窓に寄り添ってくる。それを繰り返しているうちに保津峡駅に着いた。だが予想に反して、川の色は深緑にしか見えなかった。

　保津峡はいい駅だった。崖と川にはさまれた隙間に上りと下りのホームが延びていて、川には立派な吊《つ》り橋がかかっていた。下車した客は、どこへ行くにもこの吊り橋を渡らなければならなかった。非電化のため架線や電柱がなく、線路や駅舎が周囲の自然に溶け込んでいた。

　三七年の冬には、嵯峨に滞在していた作家の坂口安吾がこの駅を通っている。「汽車に乗り、保津川をさかのぼり、丹波の亀岡という所へ行った」（『日本文化私観』）。亀岡には、一三五年一二月に弾圧された大本《おおもと》という教団の本部があった。安吾は鉄条網を乗り越えて本部に忍び込むと、惨状に目を見張った。「とにかく、こくめいの上にもこくめいに叩《たた》き潰されている」。ダイナマイトで徹底的に破壊された傷痕は、二年たっても癒えていなかった。

八九年四月に大学院に入学した私は、大本に関心をもち、同年八月と九月の二度にわたり亀岡の本部に滞在して、信者の方々と生活をともにした。このときにはもう線路が切り替えられていて、車窓から保津峡を眺めることはほぼできなかった。『金閣寺』に心を動かされ、わざわざ保津峡を訪れた一〇年前の記憶を反芻《はんすう》しながら、経済合理性と引き換えに失われた文学的想像力の大きさを思わずにはいられなかった。

半世紀飛び越える乗り換え

二〇二一年五月八日に父が卒寿を迎えた。東京市芝区南佐久間町（現・港区西新橋）で幼少期を過ごした父にとって、記憶する初めての鉄道体験は地下鉄だったらしい。祖母に連れられ、新橋から現在の東京メトロ銀座線に乗り、よく浅草まで行ったという。当時は東京地下鉄道という私鉄だった。

東京地下鉄道は、一九二七（昭和二）年一二月にまず浅草—上野間を開業させ、三四年六月に新橋まで延伸させた。つまり父が幼少期のころの新橋は、浅草ゆきの地下鉄の始発駅だったのだ。

この年に東京地下鉄道は1200形という車両を製造している。運転台の付いた車両で、父も乗ったはずだ。電車は通常、架線から供給される電気で走るのに対して、東京地下鉄道は線路に並行して敷かれたレール（第三軌条）から供給される電気で走った。ところが駅の手前にレールが途切れる区間があったため、車内ではその区間だけ電灯が消え、壁に設置された予備灯が点いた。

　１２００形は空襲の被害を受けることもなく、東京地下鉄道が営団地下鉄銀座線になっても渋谷―浅草間で走り続けた。私が高校二年だった七九年から八〇年にかけて、赤坂見附から表参道まで銀座線によく乗ることがあったが、このときもまだ走っていた。

東急新玉川線が開通した1977年４月７日、アマチュアカメラマンらに囲まれて出発した8500系

　銀座線に乗るうちに、六両編成の電車の浅草寄り二両目と三両目が明らかに古いことに気づいた。とりわけ二両目が古く、「昭和九年製造」と書かれたプレートが掲げられているのを見たときにはびっくりした。思えばこれが１２００形だった。運転台が撤去されていたとはいえ、幼少期の父が

乗ったはずの車両に私もまた乗ったことになる。駅に着く手前で一瞬電灯が消えて予備灯が点くのも、戦前と変わらなかった。

表参道で同じホームの反対側に来る地下鉄半蔵門線の電車に乗り換えた。当時の半蔵門線は渋谷―永田町間しか開通していなかったが、渋谷で東急新玉川線（現・田園都市線）に乗り入れていて、半蔵門線を走るのもすべて東急の電車だった。

七五年にデビューした東急の８５００系は、新玉川線と半蔵門線向けのステンレス車両として製造された。表参道で１２００形から８５００系に乗り換えると、半世紀近い時間を一気に飛び越えた気分になったものだ。

田園都市線や半蔵門線ではいまでも８５００系が走っている。かつての１２００形同様、デビューして半世紀近く経ってもまだ走っているわけだ。だが二〇二二年度までに引退するらしい。沿線でカメラを構える少年たちにとっては、８５００系こそが私にとっての１２００形のように映っているのだろう。

高校時代の悩みと熱塩への旅

作家の宮脇俊三は、鉄道の旅情を誘い出す条件として、沿線風景、乗客、列車、駅の四つをあげている。そして宮脇自身の基準に照らして、これら四つの条件をすべて兼ね備えた線は日中線《にっちゅうせん》だとしている（『終着駅』）。

日中線というのは、福島県の喜多方―熱塩間一一・六キロを結んでいたローカル線で、一日三往復しかなかった。赤字がふくらみ、国鉄解体より前の一九八四（昭和五九）年四月に廃止されている。

実は高校二年生だった八〇年二月二六日、友人のAと日中線に乗ったことがある。

当時の私は慶應義塾高校に通っていた。慶應の付属校だったが、環境になじめず外部受験を考えていた。もし落ちれば、同級生が大学生になっているのに自分だけ浪人することになる。ただし慶應にない学部なら、落ちても慶應の学部に推薦される。この特例を利用して東京医科歯科大学歯学部を受験しようと考え、四月には理科系のクラスに進もうと決

雪のなか客車を牽引するディーゼル機関車DE10-39=1980年２月26日、福島県の熱塩駅近く、著者撮影

めていた。

歯科医になりたいわけでもないのに、慶應から出たいがために歯学部を受けるというのは、どう見ても動機が不純だった。自分でもこの矛盾にはうすうす気づいていた。後期の期末試験が終わって春休みに入ると、ふとこの世の果てのようなところまで鉄道で行きたくなった。

そのとき思い浮かんだのが、鉄道雑誌で見た熱塩駅の写真だった。先端が湾曲した洋風屋根の駅舎。機関車を付け替えるための側線。それらは一日三往復しかないローカル線の終着駅とは思えぬほど堂々としていた。一年のときのクラスメートで、鉄道好きだったAを誘うと、すぐ一緒に行きたいと言った。

喜多方を16時4分に出る熱塩ゆきの列車に乗った。磐越西線に乗っていたときに降っていた雪は、会津盆地に入るとやんでいた。列車はディーゼル機関車が牽引し、古い客車を二両つなげていた。車内は私たちと同じ高校生で混んでいた。会津弁でおしゃべりに興じる女子高校生の姿が新鮮に映った。

しかし途中駅であらかた降りてしまい、熱塩に着くころには数人だけになった。熱塩駅は写真で見た印象とは違って無人駅で、駅舎の壁面は剝げ落ち、側線は雪に覆われていた。私は雪道をかきわけるようにして駅の手前にあった小さな鉄橋の脇まで走り、喜多方ゆきとなって折り返す列車を撮影した。

この日は駅に近い熱塩温泉の旅館に泊まった。温泉街の一番奥にある旅館で、裏には墓地があった。Aと一晩中話しこんだが、このとき彼が学業を放棄してひたすら文学書を読みあさっていたことを初めて知った。Aが自ら命を絶ったのは、それから三年後のことだった。

廃止前の西寒川駅と相模川の夕景

国鉄末期に当たる一九八〇年代には、赤字がふくらんだローカル線が次々に廃止された。そのほとんどは北海道や九州などの地方であったが、首都圏で唯一廃止された国鉄の区間があった。相模線の寒川―西寒川間だ。

相模線は、神奈川県の茅ケ崎と橋本の間を結んでいる。営業キロは三三・三キロ。ほぼ全区間が相模川に沿っているが、途中の寒川から分岐して西寒川に至る一・五キロの支線があった。

相模線の前身は私鉄の相模鉄道で、相模川の砂利採取が経営を支えていた。西寒川もそのための支線の駅として二三（大正一二）年に開業した。四四（昭和一九）年には国有化されて相模線となった。六四年に砂利採取が禁止されても、寒川―西寒川間の旅客営業はなお続けられた。

この支線区間は相模線の一部とされたため、固有の線名はなかった。西寒川がどういう

西寒川駅付近の土手から見た相模川の夕景=1982年4月5日、著者撮影

ところなのか、駅名だけではわからなかった。

八〇年代の国鉄には、一日五往復にも満たない線や区間が、全国に少なくなかった。寒川―西寒川間も四往復しかなく、そのすべてが茅ケ崎を起点または終点としていた。茅ケ崎を出た列車の多くはひたすら北上して橋本に向かうのに、四本だけが三駅目の寒川を出たところで本線から外れてしまうのだ。

大学一年だった八一年九月二三日、茅ケ崎15時49分発西寒川ゆきのディーゼルカーに乗った。寒川では「この列車は西寒川ゆきです。橋本方面にはまいりません」という駅員の放送がホームに響いた。この放送を聞き、あわてて列車から降りる客もいた。

列車は寒川を出ると、寒川神社の参道の森が見えてくるあたりで本線から分かれて左へゆっくりと曲がり、わずか四分で西寒川に着いた。改札口の上に小さな屋根がかけられただけの無人駅で、「西寒川駅」という看板がなければ廃駅のように見えた。

線路は突然終わっていた。橋本に通じる本線が人生のメインルートだとすれば、まるでまだ若いうちに道を踏み外し、誰にも知られずに事切れてしまった哀愁のようなものが漂っていた。

乗り合わせた数人の客は鉄道マニアらしく、皆そのまま列車に乗り、寒川へと戻っていった。私だけが駅を降り、あてもなく歩きだした。すぐ視界が開けたかと思うと、相模川の土手に出た。

川の水量は豊かだった。陽が傾くにつれ、丹沢の稜線がシルエットとして浮かび上がった。ぷつんと切れたあの線路は、川向こうの彼岸へと続いているのではないか。そんな幻想にとらわれた。西寒川駅は八四年三月に廃止されるが、それまでに何度か相模川の夕景を眺めようと、この駅に降り立った。

東北の入り口にある「大池」

福島県白河市に「大池」という池がある。インターネットで検索すると、白鳥が飛来する人工のため池として紹介されている。東北新幹線が通る新白河駅からバスで二五分、さらに歩いて一〇分のところにある。

だがインターネットの検索で出てこないもう一つの「大池」が、同じ白河市内にある。こちらは東北本線の白坂—新白河間からよく見える。池の輪郭をなぞるように約四〇〇メートルにわたって線路が敷かれているので、下り列車に乗ると左側の車窓からこのため池をしばらく眺めることができるのだ。

東北本線は、黒磯を境に直流と交流が切り替わり、しだいに人里離れた丘陵地帯に入ってゆく。無人駅の豊原を出て那珂川水系の黒川にかかる橋梁を渡ると、栃木県から福島県に入る。かつてはこの川の近くに、乗客に見えるよう、「ここから北　東北　河北新報」という看板が立っていたものだった。

東北本線白坂—磐城西郷（現・新白河）間を走る急行「まつしま」=1982年5月3日、著者撮影

田山花袋は、「豊原といふ停車場を過ぎると、爪先上りの山路へと汽車はかゝつて行く。つまり、関東と奥羽との第一関門がこゝにあるのである」と述べた（『日本一周』後編）。一九二〇（大正九）年に線路が切り替えられて勾配は緩和されたが、「第一関門」がここにあること自体は変わっていない。

　福島県に入って最初の駅が白坂である。標高は約三九〇メートルで、東北本線の駅では最も高いところにある。この駅を過ぎて見えてくる大池は、高原の隠れた避暑地のような森閑とした雰囲気を醸し出していた。

　大学二年だった八二（昭和五七）年五月三日、私は東北本線下りの急行に乗り、黒磯で普通列車に乗り換えた。六月のダイヤ改定で東北新幹線が開業するのと引き換えに東北本線の特急が激減するため、大池で列車を撮影しようと考えたのだ。撮影名所として知られていた黒川橋梁では、カメラを構えるマニアらしき姿を何人も見かけた。

ところが白坂で降りた客のなかに、そうした姿はなかった。線路沿いの道を歩いてゆくと、水が一面に張られた田んぼや色鮮やかな菜の花畑が現れ、遅い春の訪れを実感できた。大池のほとりに人の姿はなく、別荘とおぼしき赤い三角屋根の一軒家も門をかたく閉ざしていた。

池の風景は、車窓から眺めたとき以上によかった。なぜここが撮影名所にならないのか不思議なくらいだった。現地で撮った一枚の写真を母に見せると、「ずいぶん遠くまで行ったのね」と言われた。宮城県の松島まで行ったと思ったらしい。なるほど松の生えた島が浮かんでいるように見えるから、そう錯覚したのだろう。「いや白河なんだ」と言ったら、母はえっという表情になった。

早朝の中央本線で受けた啓示

忘れられない風景がある。一九九七（平成九）年四月二日、甲府6時13分発の中央本線上り高尾ゆき普通電車に乗ったときのことだ。朝もやに包まれた盆地のそこかしこに鮮やかなピンクの桃や白っぽい李《すもも》の花が咲き乱れていた。盆地が尽きる塩山《えんざん》まで目がくぎづけになった。

政治学の公募で採られた甲府市の私立大学に前日着任したばかりだった。夜にホテルで歓迎会があり、借りたばかりのマンションのワンルームに泊まった。純然たる公募だったから、大学に知り合いはいなかった。不安ばかりが頭をよぎり、眠れなくなった。甲府から普通電車に乗ったのは、ひとまず横浜の自宅に帰ろうとしたからだ。

もちろん中央本線には、それまで何度も乗ったことがあった。しかしこんな早朝に乗ったことはなかった。人の姿のない盆地に、いまが盛りとばかりに花々が狂おしいほどの美を競っている。横溢《おういつ》する生命の輝きに圧倒されるような思いだった。

大げさに聞こえるかもしれないが、あえて言おう。私の人生のなかで、明らかにこのとき、何かが大きく転換したのだ。東大の研究所で助手をしていたときのような、狭い人間関係のなかで一喜一憂する日々からは訣別《けつべつ》しなければならない。もっと広やかな世界に身をゆだねなければならない——そうした啓示のようなものを、あの風景から受けた気がしたのだ。

桃の花が満開の甲府盆地=1997年4月、山梨県一宮町（現・笛吹市）

私はマンションをすぐに引き払い、横浜から甲府まで電車で通うことにした。それもなるべく普通電車で。四季折々の風景を、中央本線の車窓からじっくりと味わいたいと思ったからだ。

一限の授業が入っているときには、自宅を六時前に出て八王子6時57分発の下り甲府ゆき普通電車によく乗った。電車は相模湖を出ると、桂川の河岸段丘の上をしばらく走る。梅雨になるとこの上空に水蒸気がたまり、低く雲がたちこめる。淡いときもあれば濃いときもあった。

大月を出ると上り勾配にかかる。初狩や笹子にはスイッチバックの線路や跡も残っている。秋の紅葉はこのあたりから始まり、冬には大月まで雨だったのが、にわかに雪国のような風景へと変わる。明治時代に築かれた笹子トンネルから下り勾配となり、甲斐大和を出て連続するトンネルを抜けた途端、視界が開ける。ブドウ畑に覆われた扇状地がなだらかに広がり、彼方には南アルプスの嶺々《みねみね》が屛風《びょうぶ》のように並んでいる。

私はこの風景を眺めながらおもむろに弁当箱を開き、朝飯を食べた。そのたびに、なんという贅沢な通勤かと感じたものだ。三年間にわたる遠距離通勤はきつかったが、それに見合うだけの報酬は確かにあったのだ。

ワルシャワのトラムと団地

私はこれまで、二〇〇八年(平成二〇)一一月、一二年四月、一六年一〇月と三回にわたってポーランドの首都ワルシャワを訪れたことがある。いずれもワルシャワ大学で天皇制を研究するエヴァ・パワシュ＝ルトコフスカ教授の招待によるものだ。初めて訪れたときにはワジェンキ公園に近い大学の寮に滞在したが、二回目と三回目は道路をはさんで寮に面したホテルに泊まった。

ワルシャワでは地下鉄よりもトラムのほうが発達していて、総延長は一三〇キロを超える。自動券売機で一日券を買えば、買った時間から翌日の同じ時間まで乗り放題となる。いずれの滞在でも、空いた時間を利用してせっせとトラムに乗った。

五つの系統が乗り入れるドヴォルコヴァが最寄りの停留所だった。ひっきりなしに発着する電車の前面には何系統かを示す数字が表示されていて、どこを通ってどこに行くかがわかる。ゆっくり走ってくれるから市街の景色を見るにも都合がいい。

ワルシャワ・モコトフ地区の団地=2016年10月、著者撮影

ワルシャワ市内には団地が多い。四階建てや五階建ての中層フラットタイプもあれば十数階の高層マンションタイプもある。一通り観光名所巡りを終えると、目的を決めずにたまたま来たトラムに乗り、心ひかれる団地が現れたら最寄りの停留所で降りるという試みを繰り返した。

生まれてから四四歳になるまでずっと旧日本住宅公団が建設した団地の三階か四階に住んできた私にとって、トラムから見える中層フラットの団地の風景には、奇妙な懐かしさを感じずにはいられなかった。なかには小中学校時代を過ごした東京都東久留米市の滝山団地にそっくりな団地もあった。旧ソ連の集合住宅から影響を受けたと思われる団地が、その東と西で接する国々に残っていることを発見した喜びは実に大きかった。
かつて都電の路線網が確立されていた東京でトラムの復活を唱える社会学者の吉見俊哉は、こう述べている。
「一度地下に入ってしまうと点と点の移動にしかならない地下鉄と違い、トラムは街と切れ目なくつながりながら目的地に行くことができます。軌道が見えるトラムでは、土地勘がない観光客でも途中下車がしやすく、乗客は車窓から見える風景で何か気になったことがあれば気軽に乗り降りができます。トラムは街と人との関係を深め、観光やショッピングを含めた沿線地域の新たな価値を生み出すメディアの役割を果たすのです」(『東京裏返し』)
私がワルシャワのトラムに乗って実感したのも、まさにこうしたことだった。単なる観光名所だけにとどまらない都市の魅力を国内外の人々に伝える媒体として、トラムには他の交通手段にない長所があると思った。

ポーランドでよみがえった食堂車の思い出

二〇一二（平成二四）年四月二日、ポーランドのクラクフからワルシャワ中央まで、インターシティーと呼ばれる特急列車に乗った。私が乗ったのは六人掛けのコンパートメントの車両で、隣が食堂車だった。クラクフを出たのが16時40分だったので、頃合いを見計らって食堂車に移り、夕食をとることにした。

傾きかけた陽光に照らし出される無人の大平原を眺めながら食べるジュレク（発酵したライ麦のスープ）やピエロギ（水餃子《すいぎょうざ》風料理）の味はすばらしかった。すでに日本国内の鉄道からは、食堂車がほぼなくなっていた。ポーランド料理を堪能するうちに、かつて国内で乗った食堂車の記憶がよみがえってきた。

中学二年だった一九七六（昭和五一）年七月、山口県の防府から横浜まで、寝台特急「あさかぜ1号」に乗ったことがある。防府を出た17時17分には食堂車がもう営業していて、さっそく向かったところ、メニューを見て驚いた。サーロインステーキやビーフシチ

寝台特急「あさかぜ」のナシ20形食堂車=1958年

ューなど、一流レストランを思わせる品々が並んでいたからだ。懐具合からカレーライスとスープだけで粘ることにした。それでも瀬戸内海の夕景を見ながら味わうひとときは格別だった。

いまでは、車内でこうした体験ができなくなってしまった。どうしても列車でおいしい料理を味わいたければ、JR東日本、西日本、九州が走らせている、宿泊機能を備えたクルーズトレインがあると言われるかもしれない。しかし料金は最高で一五〇万円前後、最低でも数十万円。これではとても手が出ない。

西武鉄道では、旅するレストランと称して「52席の至福」という電車を池袋―西武秩父間や西武新宿―西武秩父間などに走らせている。この電車はキッチン車両や客席車両などからなっていて、移動中に車内でブランチやディナーが食べられる。

ただ一人あたりの旅行代金はブランチが一万円、ディナーが一万五千円とやはり高い。景色がよいのはほぼ奥武蔵の山中を走る高麗《こま》―西武秩父間だけだから、「旅する」気分が味わえる時間も限られたものになってしまう。

二〇二一年四月初旬、大学で行う放送授業の取材のため、近鉄名古屋から宇治山田まで初めて近鉄の観光特急「しまかぜ」に乗った。しばらくすると車内放送があり、カフェ車両で食事の準備ができたという。まさか食堂車が併結されているとは思わなかった。

座席に置かれたメニューを見ると、イセエビや松阪牛など、地元の特産品を使った料理が充実していた。大いに食指が動いたが、正午前には宇治山田に着いてしまう。もう少し利用しやすい時間に走ってくれたらと思わずにはいられなかった。

あとがき

　電車に乗っている時間というのは、どういう時間なのだろうか。どこかからどこかに移動しているわけだから、自宅にいる時間でもなければ、職場や学校や旅先などにとどまっている時間でもない。こう書くと、移動しているという点では車に乗っている時間も同じではないかと言われるかもしれない。

　いや、そうではない。自分で車を運転しているときに景色を見る余裕はなく、道路事情によっては所要時間も読めないのに対して、電車は自分で運転する必要がないし、原則としてダイヤ通りに走る。車のなかは私的空間の延長にすぎないが、電車のなかは公共空間であり、会ったことのない客と乗り合わせる。

　もちろん、スマホの画面を一心に見つめている客も少なくない。彼らはまるでそこが自宅であるかのように、周囲の人々には目もくれず、ひたすら画面を見続けている。だがそんな客にも、会話ぐらいは聞こえてくるはずだ。

詩人の蜂飼耳《はちかいみみ》は、たまたま乗り合わせた二人の女性の会話から、「会話のなかでその存在を知らされ、それだけであり、それ以上ではなく、今日の耳をかすめて通り過ぎる人」が別にいることを知る。「電車という箱は、そこには乗っていない人のにおいまでも乗せて、言葉によって乗せて、銀色のレールをなぞる。なぞられて磨り減る。青空が後退する」(「冬眠状態」、『おいしそうな草』所収)。詩人の鋭敏な感性は、そこにいない人間の存在感まで浮き彫りにする。

「谷崎潤一郎が提案する普通列車の旅」(139―141頁)で記したように、日本の鉄道では目的地に一刻も早く着けるようスピードアップを図ることが究極のサービスだとする考え方が、明治以来ほぼ一貫して踏襲されてきた。それは列車に乗っている時間を無駄と見なし、在来線の電化や複々線化、あるいは新幹線やリニアの建設によりその時間を少しでも減らすことが、乗客にとっての最大のサービスだとする考え方と言い換えてもよい。

ところが、二〇二〇年から二一年にかけて日本を襲ったコロナ禍は、鉄道業界にも多大な影響を及ぼした。在宅勤務や大学などでのオンライン授業が増加し、通勤や通学のため電車に乗る客が減っただけではない。観光や出張のための移動そのものが激減してしまったのだ。この結果、JRや大手私鉄を問わず、鉄道会社は軒並み減収減益に陥り、本数の削減や運賃値上げを実施する会社も出てきた。

鉄道による移動時間を少しでも短くしてきた各社のサービス自体が、皮肉にもコロナ禍によって不要になった。多くの利用客にとって、移動時間が全くない状態に置かれてしまったからだ。電車が発着するはずの構内に、テレワークのためのボックスが設置される駅が首都圏や大阪圏でにわかに増えていることが、まさにいま鉄道会社がさらされている苦境を物語っている。

ここで改めて問いたい。列車に乗らなくなった代わりに、人々は充実した時間を手に入れることができたのだろうか。

確かに満員電車による通勤や通学はストレスの原因になる。それがなくなった喜びは決して小さくはない。しかし一般的に言って、電車に乗っている時間は家族や組織や共同体などから離れて独りになれる時間でもある。乗り合わせた客たちは、互いの年齢や職業などの個人情報を全く知らないまま、いわば匿名の個人として向かい合っている。新幹線の車内などでは、出張帰りとおぼしき乗客が独りで缶ビールを開け、駅のキヨスクで買ったつまみを食べている光景がよく見られる。このとき客は社員から個人に戻り、つかの間の解放感を味わっているのだ。電車に乗っている時間がなくなるということは、そういう時間もまたなくなることを意味してはいないだろうか。

批評家の東浩紀は、『ゲンロン0　観光客の哲学』のなかで哲学者のジャック・デリダに由来する「誤配」という概念について説明している。観光客は楽しみを求め、好奇心を満たすために出かけるが、しばしばそこで予想外のものに出くわす。全く予期せぬ人々とコミュニケーションする。東は従来のデモなどの社会運動に代わり、「誤配」を引き起こす存在としての観光客が増えることで、公的な空間が変容することを期待しているのだ。

東の言葉を借りれば、鉄道こそは「誤配」の可能性に満ちた乗り物である。これから乗ろうとする列車にどういう人々が乗り合わせるかは全く予想できない。それは夏目漱石の小説「三四郎」や宮沢賢治の童話「銀河鉄道の夜」を見ても明らかだろう。もし列車に乗る機会がなくなれば、あるいは鉄道がなくなって道路だけになり、各人がもっぱら自家用車で移動するようになれば、「誤配」の可能性は封じられてしまう。

交通経済学者の宇都宮浄人は、欧州では鉄道を収益事業ではなく「社会インフラ」と位置付け、赤字線に新規投資するのに対して、日本では相変わらず道路にばかり公的資金が配分され、鉄道は独立採算を原則としていることを指摘する（「朝日新聞」二〇一七年七月一日）。両者の違いは実に大きい。

あえて言おう。鉄道は経済的な価値に還元されない文学や芸術と同様、人生にとって大切な文化ではないかと。漱石といい賢治といい、鉄道がなければあれだけの作品群は生まれなかった。いまや欧州のほうが鉄道の文化的な価値に気づいているのに対して、日本は採算に合わない路線をどんどん切り捨てている。それは欧州に比べて文学や芸術を大切にしない現在の日本のあり方にもつながっている。

本書は、二〇一九年一〇月から朝日新聞土曜別刷り「be」4面に連載を始めたコラム「歴史のダイヤグラム」を、二一年五月までで一区切りとし、それらの文章を加筆修正し、一部のタイトルを改めたうえ、新たに構成してまとめたものである。

実は同年九月まで、同じ面に半藤一利さんが「歴史探偵おぼえ書き」を連載されていた。単に知識を披瀝するのではなく、達意にしてウィットとユーモアに富んだ文章の数々は多くの愛読者を獲得した。ところが体調を崩されたため、きゅうきょ私がピンチヒッターとして打席に立つことになった。

最初は半藤さんを意識しつつ、もっぱら天皇や皇族に関する話題を取り上げることにした。しだいに個人史ものが多くなり、高校や大学時代に撮った写真まで引っ張り出した。どの写真も自室の机の奥深くに眠っていたものだった。まさかこういう形で初めて日の目を見るとは思わなかった。

連載当初から二一年三月までは、朝日新聞文化くらし報道部の記者で、連載時のコラムのタイトルをつけて下さった加藤修さんにお世話になった。毎週原稿をお送りするたび、適切なコメントをいただけたことが励みになった。同年四月以降は担当が同部の太田匡彦さんに交代し、連載はいまも続いている。また朝日新聞出版の小柳暁子さんには、連載を新書にまとめるのに際してご尽力いただいた。心より感謝申し上げたい。

毎回のコラムに感想を寄せてくださった方々にも感謝したい。「神器の剣、敗戦後の往還」（51－53頁）に対しては実際に剣を運んだ金子功氏のご遺族が資料を送ってくださったほか、「丸山眞男が聞いた車中談議」（189－191頁）に対してはご子息の丸山彰氏が手帳のコピーを送ってくださった。初めて目にする読者からの手紙の数々は、新聞を通して見知らぬ人々とつながっているという感覚を新たにさせられた。そうした人々とのつながりこそが、執筆の意欲を支える原動力になっていると実感させられたことも少なくなかった。

本書を二一年一月一二日に亡くなられた半藤一利さんに捧げる。

二〇二一年八月二九日　五九歳の誕生日に

原　武史

初出一覧

「歴史のダイヤグラム」――朝日新聞土曜別刷り「be」、二〇一九年一〇月五日〜二〇二一年五月二九日

第一章

日本橋から東京駅へ　二〇二〇年一一月一四日
「神」を乗せる車両　二〇一九年一〇月五日
御召列車の政治的効果　二〇一九年一〇月一二日
皇后にとっての即位の礼　二〇一九年一〇月一九日
昭和天皇、極秘裏の伊勢行き　二〇一九年一一月二日
多摩陵への参拝、鉄道から車へ　二〇一九年一一月九日
鷗外が疑問視した過剰な空気　二〇二〇年六月六日
丸の内駅舎と原宿宮廷ホーム　二〇一九年一〇月二六日
変わらない「奉迎」のかたち　二〇一九年一二月七日
秩父宮、上越線回りの謎　二〇二〇年七月四日
中途半端な黙禱時刻の理由　二〇二〇年六月一三日
首都として機能した日光　二〇二〇年一二月一九日
九州での激越な戦勝祈願の意味　二〇一九年一一月二三日
神器の剣、敗戦後の往還　二〇一九年一一月三〇日
「満州国」皇帝の逃避行　二〇二〇年七月一八日

第二章

東海道本線から富士を見る　二〇二〇年一月一八日
「恥ずかしくて名刺にも書けない」駅名　二〇二一年一月一六日
ステンレス車両の進出と阪急の矜持　二〇二一年四月一〇日

第三章

啄木が愛した石狩の海　二〇二〇年五月一六日
『春の雪』に描かれた婦人専用車　二〇二〇年九月二六日
与謝野晶子が乗った目蒲線　二〇二〇年三月七日
漱石と中也、「汽車」と「電車」　二〇二〇年一一月二八日
夜行列車と中也の観察眼　二〇二〇年四月四日
谷崎潤一郎が提案する普通列車の旅　二〇二一年三月二七日
宮本常一が嘆いた温泉客のふるまい　二〇二〇年二月二九日
山口誓子と靖国への臨時列車　二〇二〇年二月八日
シベリアから帰還した詩人が見た光景　二〇二〇年九月五日
夜行と四分間のトリック　二〇二〇年六月二七日
松本清張と大西巨人が描いた九州　二〇二〇年一〇月三日
加藤典洋と上野地上ホーム　二〇二〇年三月一四日
小松左京が予言した二〇二〇年の東京　二〇二〇年一一月二一日
武田百合子が見た河口湖駅　二〇二〇年三月二一日

第四章

「敗戦後」を予言した庶民　二〇二〇年六月二〇日
車内で発症、後藤新平の覚悟　二〇二〇年一一月七日
ハンセン病患者の四〇時間の移動　二〇二〇年五月二日
非常時における定時運行　二〇二〇年四月一八日
広島の原爆被害と女性駅員　二〇二〇年八月一日
駅のビラに反映された世相　二〇二一年二月六日
戦後初の総選挙と車内の激論　二〇二〇年三月二八日
丸山眞男が聞いた車中談議　二〇二〇年一二月一二日
青梅線と革命思想の関係　二〇二一年二月二七日
竹内好と鶴見俊輔の駅弁論争　二〇二〇年四月一一日
首都圏国電暴動と「革命」　二〇二一年四月二四日
時刻表で推理した永田洋子の逃避行　二〇二〇年七月二五日
「虹作戦」と四分間の謎　二〇二〇年七月一一日
綾瀬駅で下車した林郁夫の記憶　二〇二一年三月二〇日

第五章

撮影名所でねらったブルトレ　二〇二〇年九月一九日
今も残る思い出の駅そば　二〇二一年三月六日
大阪環状線に現れた幽霊　二〇二一年一月三〇日

印象的だった車掌の放送　二〇二〇年八月二九日
名古屋から津へ近鉄で行くと　二〇二一年一月二三日
多崎つくると新宿駅の記憶　二〇二〇年一〇月二四日
倶知安の天ぷらそばとの再会　二〇二一年一月九日
『金閣寺』に描かれた保津峡　二〇二一年二月二〇日
半世紀飛び越える乗り換え　二〇二一年五月一五日
高校時代の悩みと熱塩への旅　二〇二〇年八月二二日
廃止前の西寒川駅と相模川の夕景　二〇二〇年一〇月一七日
東北の入り口にある「大池」　二〇二一年五月一日
早朝の中央本線で受けた啓示　二〇二一年三月一三日
ワルシャワのトラムと団地　二〇二一年四月一七日
ポーランドでよみがえった食堂車の思い出　二〇二一年五月二九日

原　武史 はら・たけし
1962年東京都生まれ。早稲田大学政治経済学部卒業。東京大学大学院博士課程中退。放送大学教授、明治学院大学名誉教授。専攻は日本政治思想史。著書に『「民都」大阪対「帝都」東京』(サントリー学芸賞)、『大正天皇』(毎日出版文化賞)、『鉄道ひとつばなし』、『滝山コミューン一九七四』(講談社ノンフィクション賞)、『昭和天皇』(司馬遼太郎賞)、『一日一考　日本の政治』など多数。

朝日新書
832

歴史《れきし》のダイヤグラム

鉄道に見る日本近現代史

2021年 9 月30日 第 1 刷発行
2021年10月30日 第 2 刷発行

著　者　原　武史

発行者　三宮博信
カバーデザイン　アンスガー・フォルマー　田嶋佳子
印刷所　凸版印刷株式会社
発行所　朝日新聞出版
〒104-8011　東京都中央区築地 5-3-2
電話　03-5541-8832（編集）
　　　03-5540-7793（販売）

Published in Japan by Asahi Shimbun Publications Inc.
ISBN 978-4-02-295139-7
定価はカバーに表示してあります。

朝日新書

世界自然遺産やんばる
希少生物の宝庫・沖縄島北部

湊 和雄
宮竹貴久

沖縄島北部にあたるやんばるは、世界的にも珍しい湿潤な亜熱帯雨林だ。2021年世界自然遺産に登録された。やんばる写真の第一人者である写真家と、生物の進化理論を一般に説く手腕で名高い生物学者がタッグを組み、ユニークな生物を紹介。

対訳 武士道

新渡戸稲造／著
山本史郎／訳

新渡戸稲造の名著『武士道』。切腹とは何か？ 武士道の本質とは？ 日本人の精神性を描いた世界的ベストセラー。「惻隠の情」「謙譲の心」は英語でどう表すか？『翻訳の授業』の著者・山本史郎東大名誉教授の美しい新訳と、格調高い英語原文をお手元に。

自壊する官邸
「一強」の落とし穴

朝日新聞取材班

7年8カ月に及ぶ安倍政権から菅政権に継承された。長期政権の鍵は人事権をフル活用した官僚統治だった。霞が関ににらみをきかせ、能力本位とはいえない官僚登用やコロナ対策の迷走は続く。官邸の内側で何が起きているのか。現役官僚らの肉声で明かす。

死は最後で最大のときめき

下重暁子

いつまでも心のときめきを、育て続けよう。人は最期のときを前にして、最も個性的な花を咲かせる——。人気エッセイストが、不安な時代の日常をみつめ、限りある命を美しく生き抜く心構えをつづる。著者の「覚悟」が伝わってくる至高の一冊。

こんな政権なら乗れる

中島岳志
保坂展人

迫る衆院総選挙。行き詰まる自公政権の受け皿はあるのか。保守論客の中島岳志氏が、コロナ対策や多摩川の防災、下北沢再開発等の区政10年で手腕を振るう保坂展人・東京都世田谷区長と、理論と実践の「リベラル保守政権」待望論を縦横に語り合う。